Anneliese Schulz

Stundenblätter Den Nächsten lieben – das Notwendige tun

Außenseiter – Ausländer – Behinderte

Sekundarstufe I

33 Seiten Beilage

Ernst Klett Verlag

Stundenblätter Religion werden herausgegeben von Dr. Uwe Stamer

Als Ergänzung zu den vorliegenden Stundenblättern sind erschienen:
Materialien Den Nächsten lieben – das Notwendige tun
Klettbuch 26869

CIP-Titelaufnahme der Deutschen Bibliothek
Schulz, Anneliese:
Stundenblätter Den Nächsten lieben – das Notwendige tun:
Außenseiter – Ausländer – Behinderte;
für Klasse 7 und 8 / Anneliese Schulz.
– 1. Aufl. – Stuttgart: Klett 1989
ISBN 3-12-926744-1

1. Auflage 1989

Satz: G. Müller, Heilbronn; W. Röck, Weinsberg
Druck: W. Röck, Weinsberg
Einbandgestaltung: Zembsch' Werkstatt, München
ISBN 3-12-926744-1

Inhalt

Einleitung

> „Die Christenheit wird sich darauf einrichten müssen, daß es weite Bereiche im modernen Leben gibt, in denen nur noch eine einzige Sprache verstanden wird: die Sprache selbstlosen Dienstes und Opfers.“
>
> Hanns Lilje

Der vorliegende Entwurf versucht, der Beschreibung von Schule gerecht zu werden, wie sie Hartmut von Hentig genannt hat: „Die Menschen stärken, die Sache klären“:

- Die Schüler sollen sich und andere Menschen erkennen,
- sie sollen ein Gespür entwickeln für Probleme anderer und in kleinen Schritten versuchen, dagegen etwas zu tun,
- sie sollen lernen, daß dieses Bemühen eingebunden und getragen ist von der christlichen Botschaft,

  sodaß sie schon als Jugendliche eine Sprache sprechen, die glaubwürdig ist und verstanden wird.

Der Unterrichtsentwurf hat verschiedene Schwerpunkte:

- der andere – fremde – Mensch,
- die Geschichte der Diakonie,
- die Problematik der verschiedenen Behindertengruppen,
- die leidvolle Erfahrung im Nationalsozialismus,
- Ermutigung, nicht nur von etwas zu reden, sondern auch etwas zu tun.

Die einzelnen Einheiten sind so konzipiert, daß an erster Stelle das emotionale Erfassen der Situation durch die Schüler steht. Dies ist bei jungen Menschen dieser Altersstufe außerordentlich wichtig und motivierend, zumal ihnen streckenweise „schwere Kost“ zugemutet wird.

Die Hinterfragung der Situation anhand der Bibel steht – wenn irgend möglich – an nächster Stelle. Ziel jedes Abschnitts ist es, die soziale Verantwortung der Schüler zu wecken, was auch schon bei Schülern dieser Klassenstufe möglich und wünschenswert ist. Teilweise sollen sie zu Aktionen motiviert und dabei vom Lehrer begleitet werden.

Die verschiedenen Schwerpunkte setzen jeweils bei der emotionalen und affektiven Anteilnahme der Schüler ein. Darüber hinaus soll zum notwendigen Wissen und Erlernen der wichtigen Fakten geführt werden, meines Erachtens ein unerläßlicher Bestandteil auch des Religionsunterrichtes! „Es ist empirisch abgesichert, daß ein auf Bewältigung von Lebenssituationen hin orientiertes Lernen nur dann sinnvolles Lernen ist, wenn der Lernende über eine entsprechende kognitive Struktur verfügt“
(in: Helfen, Hilfe schuldig bleiben, H. Volk, R.L. Umbach, W. Wolf, Diakonie 3/77).

Die Kollegen mögen diesen Unterrichtsentwurf verstehen als den Versuch einer Kollegin, ihre Schüler eine Weile auf ihrem Weg zu führen und zu begleiten, damit sie als junge Christen lernen, dort Verantwortung zu übernehmen, wo sie im Umgang mit anderen Menschen dazu gefordert sind.

Methodische Vorüberlegungen

Die Schüler dieser Klassenstufe befinden sich entwicklungsmäßig auf einer Stufe, die man als „nicht mehr Kind“ und „noch nicht erwachsen“ beschreiben kann.
In dieser Phase der Pubertät wird Bewährtes in Frage gestellt, Autorität – auch die des Lehrers – hinterfragt, die ersten Versuche der Abnabelung sind in der Regel gescheitert. Neben Kritik, Verschlossenheit, Enttäuschung bis hin zur Ablehnung begegnen aber auch Begeisterungsfähigkeit, Gerechtigkeitsempfinden, soziales Engagement und Problembewußtsein.
Gerade diese letztgenannten Eigenschaften kommen einer Unterrichtseinheit zugute, die sehr stark nach den Schwachen und Zukurzgekommenen unserer Gesellschaft fragt.
Wenn auch streckenweise das Durchhaltevermögen schwach ist, – dies bedingt wechselnde Methoden und Arbeitsweisen innerhalb einer Unterrichtsstunde – so wird die Bereitschaft zum Lernen von Fakten und zur Orientierung an der Praxis die Schüler zum Mitmachen motivieren.
Junge Menschen in diesem Alter äußern den Wunsch nach sachlicher Information gerade in bezug auf jene Fragen, die in ihrer Welt kontrovers diskutiert werden. Je nach Schulart und sozialem Hintergrund wird eine erste politische Stellungnahme artikuliert, die nicht immer der Intention des Unterrichtenden entsprechen wird! (Beispiel: Das Thema „Gastarbeiter“ wird unter Umständen die Meinung der Schüler provozieren: „Die nehmen uns doch nur die Arbeitsplätze weg!“ Hier ist der Kollege nach seiner Stellungnahme und eventuell einer „Kurskorrektur“ gefragt!)

Meines Erachtens liegt hier die große Chance des Religionsunterrichts, der allgemeinen Meinung durch gezielte Diskussion und Information zum einen entgegenzusteuern und zum anderen die Verantwortung der Christen und ihre biblische Verankerung in einer solchen Problemstellung deutlich und glaubwürdig zu machen.
Die Chancen und Gefahren liegen eng beisammen: Die Kritik und Stellungnahme der Schüler orientieren sich – bedingt durch das Elternhaus – an den Antworten und der Person des Religionslehrers. Seine Glaubwürdigkeit kann zur Bejahung, seine Haltung und Stellungnahme aber auch zu langanhaltender Ablehnung des Religionsunterrichts (und zum Austritt) und der Religion im allgemeinen führen.

Es sei den Kollegen empfohlen, sich zugunsten der Tiefe eher thematisch zu beschränken, als eine zu große Stoffülle anzubieten. Konkrete Arbeitsaufträge und eine präzise Fragestellung erleichtern den Fortgang der Unterrichtseinheit. Die Freiheit, die man den Schülern bei Gruppen- und Einzelarbeit gewährt, ergibt sich aus der Situation und der Eigenständigkeit der jeweiligen Klasse.
Zu bedenken sei, daß die Schüler dieser Klassenstufe in der Regel am Konfirmandenunterricht teilnehmen. Es bietet sich an, mit dem jeweiligen Konfirmator, sofern das möglich und praktikabel ist, Kontakt aufzunehmen und sich abzusprechen. Dadurch kann man es vermeiden, daß die Schüler durch eine Themenüberschneidung gelangweilt werden.
Sicherlich werden Kollegen die Erfahrung machen, daß die Schüler solange am The-

ma interessiert sind, solange es sozial orientiert ist. In vielen Klassen wird die biblische Hinterfragung bzw. die Bibelarbeit eine „Durststrecke", vielleicht sogar frustrierend für den Unterrichtenden sein. Hier sind Geduld und Nachsicht gefragt und die Bereitschaft, in relativ kurzen – aber intensiven – Arbeitsphasen diesem Gefühl und der Unlust der Schüler Rechnung zu tragen.

Kommentierte Bibliographie

Das Werk „Diakonie in den Spannungsfeldern der Gegenwart, Herausforderung und Antwort, Festschrift zum 60. Geburtstag von Präsident Dr. Theodor Schober“, herausgegeben von

Heinrich-Hermann Ulrich, Quell Verlag Stuttgart 1978

sei dem Kollegen besonders empfohlen.
Dieses Werk, ein „Handbuch der Diakonie“, ist so aufgebaut, daß man zum einen die großen Zusammenhänge erkennt, in die die Diakonie eingebettet ist, zum anderen aber die Praxis deutlich wird, die die einzelnen Problemfelder erfordern.
In vielen einzelnen Aufsätzen wird ein Überblick vermittelt über die Tätigkeit der Diakonie, über ihre Motivationen, ihre Probleme und ihre Ziele. Der Untertitel „Herausforderung und Antwort“ deutet an, daß hier von den verschiedensten Verfassern versucht wird, die großen Themen unserer Welt „Gesellschaft, Einzelne, Weltsituation“ kritisch zu bedenken, Rechenschaft abzulegen über das Geleistete und Perspektiven für die Zukunft zu entwickeln.

Als Vorlese-, Erzähl- und Informationshilfe ist das Buch von

Heinz Vonhoff, „Geschichte der Barmherzigkeit“, Quell Verlag Stuttgart, 1987

zu verstehen und zu benutzen.
Der Verfasser stellt in dieser Neuauflage seines Werkes aus dem Jahr 1960 (damals unter dem Titel „Herzen gegen die Not – Weltgeschichte der Barmherzigkeit“) dar, wie einzelne Menschen „Barmherzigkeit“ realisiert haben.
Sein Schwerpunkt liegt bei den Beispielen gelebter christlicher Nächstenliebe. Er stellt jedoch auch die Humanitas im Alten Ägypten und Israel zur Zeit des Alten Testaments dar, sowie die außerchristliche Nächstenliebe in unserem Jahrhundert. Themen der Neuzeit sind u.a. „Menschenrechte und Menschenwürde“. Er beendet sein Werk mit ausführlichen Beispielen aus der Friedensbewegung.

Mit den beiden Werken von
Ernst Klee „‚Euthanasie‘ im NS-Staat, Die Vernichtung lebensunwerten Lebens“, S. Fischer Verlag Frankfurt a.M. 1983 und
„Dokumente zur ‚Euthanasie‘“, herausgegeben von E. Klee, S. Fischer Verlag 1986

liegt ein Standardwerk über die sog. „Euthanasie“ vor.
Der Verfasser bietet eine Fülle von Dokumenten, Fakten, Verweisen auf das vergangene Jahrhundert und die Wurzeln des Gedankens vom „lebensunwerten Leben“ sowie auf die Geschichte der Beteiligten am „Euthanasie“-Programm nach 1945.
Für Schüler dieser Altersstufe ist dieses Buch zum Arbeiten und Nachlesen sicherlich noch nicht das geeignete „Handwerksbuch“. Es leistet jedoch dem Kollegen als Informations- und Nachschlagewerk unbezahlbare Dienste.
Auf die Probleme und Arbeitsweisen der verschiedenen Behindertengruppen in der Bundesrepublik Deutschland weist der

„Jahresspiegel“ (des jeweils vergangenen Kalenderjahres) hin, den die Bundesarbeitsgemeinschaft Hilfe für Behinderte und ihre Mitgliedsverbände Kirchfeldstraße 149, 4000 Düsseldorf 1

jährlich herausgibt.
Als Überblick und Informationsquelle sei dieser „Jahresspiegel“ den Kollegen sehr empfohlen!

Speziell auf die Erfahrungen, Probleme und Empfindungen von Eltern mit behinderten Kindern weist das Buch

„Ich habe ein behindertes Kind“, Mütter und Väter berichten, herausgegeben von Edith Zeile, dtv Sachbuch München, 1988

hin. Es ermöglicht den Kollegen, die keine persönlichen Erfahrungen mit Behinderten (hier vor allem mit Kindern) haben, sich in die Gefühle und Lebensumstände von Eltern hineinzuversetzen, die ein behindertes Kind haben.
Hier wird der Kollege seine „emotionalen“ Erfahrungen machen können!

Ebenso geht es in dem Buch von

Christine Swientek „Das trostlose Leben der Karin P. – Geschichte einer Pennerin“, rororo frauen aktuell, Hamburg

auch um affektives Lernen.
Die Geschichte der Pennerin wird von der Verfasserin geschildert, die als Sozialarbeiterin Kontakt zu Karin P. bekam. Hier begegnet uns eine tiefe Kenntnis der Materie verbunden mit sehr viel persönlicher Anteilnahme. Es geht jedoch nicht nur um das eine Schicksal (teilweise erzählt die betroffene Karin P. in „ich-Form“), sondern auch um Fakten zum Problem der Obdachlosen. Dieses Buch sei den Kollegen zur Lektüre empfohlen!

Als bedenkenswerte Lektüre ist zum Thema

„Passah“, „Abendmahl“, „Herrenmahl“ das Buch von Peter Stuhlmacher, „Jesus von Nazareth, Christus des Glaubens“, Calwer Verlag Stuttgart 1988

sehr zu empfehlen. Stuhlmacher, Professor für Neues Testament an der Universität Tübingen, greift die Theologie Adolf Schlatters auf und beleuchtet die Person, das Selbstverständnis und die Bedeutung des Todes Jesu in einem Neuansatz.

Als letztes sei das Buch erwähnt

„Ich bin doch auch wie ihr“, ein Fotobilderbuch von Antoinette Becker und Elisabeth Niggemeyer aus dem Otto Maier Verlag Ravensburg, 1975.

Bilder und Tageserlebnisse von fünf behinderten Kindern lassen deren Alltag miterleben. Dieses Buch könnte auch als Vertiefung des Themas „Behinderte“ an interessierte Schüler ausgeliehen werden, eventuell könnte über das Schicksal der einzelnen Kinder berichtet werden.

Leseempfehlungen für Schüler

zu den Themen Behinderte, Außenseiter, Arbeitslosigkeit

Antoinette Becker/Elisabeth Niggemeyer „Ich bin doch auch wie ihr“, O. Maier Verlag

Th. Bergmann „Unsere Finger sehen, Blinde Kinder erzählen“, Kinderbuchverlag Reich

Evelyn Cleve „Helen Keller“, C. Dressler Verlag

Jean Coue „Pierre lebt“, dtv pocket

„Fragt mal Alice“, dtv pocket

Max von der Grün „Vorstadtkrokodile“, rororo rotfuchs

Michael Holzach „Deutschland umsonst“, Ullstein Sachbuch

„Die Hundesöhne und andere Geschichten“, ausgewählt von W. Flemmig, H. May und H.-H. Strube, GTB Siebenstern

Jacques Lusseyran „Das wiedergefundene Licht“, Klett-Cotta im Ullstein Verlag

Gunvor A. Nygaard „Inger oder Jede Mahlzeit ist ein Krieg“, Weismann Verlag

Gudrun Pausewang „Und dann kommt Emilio“, O. Maier Verlag

Rolf P. Prost „Vater ist die Arbeit los“, Benziger Verlag im Arena-Verlag

Solfried Rück „Weglaufen gilt nicht“, dtv pocket

Annelies Schwarz „Hamide spielt Hamide, Ein türkisches Mädchen in Deutschland“, dtv pocket

Sigrid Schuster-Schmah „Staatsangehörigkeit griechisch“, dtv pocket

„So erlebe ich meine Welt, Bilder und Geschichten eines behinderten Mädchens“, Herder Verlag

Jaap ter Haar „Behalt das Leben lieb“, dtv pocket

Lisa Tetzner „Die schwarzen Brüder“, Sauerländer Verlag

Günter Wallraff „Ganz unten“, Kiepenheuer und Witsch Verlag

Ursula Wölfel „Mond Mond Mond“, dtv Junior

Übersicht über die Unterrichtseinheit*

*Anmerkung:
Mat. 1, 2, ... im Materialienheft
Mat. A, B, ... hier bei den Stundenbeschreibungen

Stunde	Inhalt (Kurzfassung)	Begründung	Referate/ Hausaufgaben	Vom Lehrer besonders zu beachten
1. Stunde Außenseiter I	– Erste Beschäftigung mit verschiedenen Gruppen von Außenseitern – Informationen über Außenseiter in unserer Gesellschaft – Wie wird man zum Außenseiter?	Lehrer und Schüler müssen sich zunächst klarwerden, wer zu dieser Personengruppe gehört, wie man dort hineingerät und daß die sogenannten „normalen" Menschen kein Recht haben, mit Verachtung oder Abscheu zu reagieren.	*Hausaufgabe:* „Sucht aus der Zeitung, dem örtlichen Anzeigen- oder Nachrichtenblatt ein bis zwei Wohnungsanzeigen heraus, in denen deutlich wird, daß bestimmte Menschen als Mieter unerwünscht sind!"	Die einzelnen Gruppen müssen angesprochen, aber nicht ausführlich diskutiert werden *Materialien:* Mat. 1 Mat. A
2. Stunde Außenseiter II: Gastarbeiterkinder	– Die Schüler sollen sich in die Situation von Gastarbeiterkindern hineinversetzen und Wege zueinander entdecken. – Sie sollen die tiefsitzenden Vorurteile erkennen und die Gründe, weshalb Gastarbeiter bei uns verachtet werden.	Die Schüler sollen sich ganz konkret vorstellen können, wie es Gastarbeiterkindern bei uns ergehen kann und wie sie unter unseren Vorurteilen leiden. Sie sollen auch wissen, daß es das Problem des Umgangs mit Fremden schon immer gab.	*Hausaufgabe:* „Übertragt die Bibelstelle 3. Mose 19/33 und 34 in unsere Situation!"	Hausaufgabe abrufen. Bekannte Vorurteile sollen angesprochen, aber nicht ausdiskutiert werden! *Materialien:* Mat. 2 Mat. 3 Mat. B

	– Sie sollen biblische Verhaltensmuster erkennen, wie man nach Meinung der Bibel mit Fremden umgehen soll.	Sie sollen in einem ersten Schritt ihr eigenes Verhalten überdenken.		Bibeln
3. Stunde: Jesu Umgang mit Außenseitern	– Über die Kurzgeschichte soll die Situation von Sinti und Roma kennergelernt und die schlimmen, menschenverachtenden Folgen von Vorurteilen erkannt werden. – Die Samaritaner zur Zeit Jesu sollen kennengelernt werden. – Jesus gibt Hinweise für einen vorbildlichen Umgang mit Außenseitern	Die Schüler sollen sich klarwerden, daß Vorurteile unmenschlich und dem Willen Gottes total entgegengesetzt sind. Jesus gibt uns Hinweise, wie wir mit fremden Menschen umzugehen haben.		Abrufen der Hausaufgabe nicht vergessen! Die Geschichte der Samaritaner soll kennengelernt werden sowie das Gleichnis Jesu. *Materialien*: Mat. C Bibeln
4. Stunde: Die Entstehung der Diakonie	– Die Wertigkeit von den Berufen: Diener – Minister – Diakon. – Welche Aufgaben haben diese Berufe? – Die Bedeutung der Begriffe: Diakonie, Diakon, Diakonisse. – Die Situation in der Urgemeinde, die Einsetzung der sieben Diakone. – Die Aufgaben der 7 Diakone damals.	Die Beschäftigung mit dem Thema „Diakonie" erfordert die Kenntnis der Wurzeln und biblischen Begründung. Ohne das Wissen über das Leben und die Probleme in der frühen Gemeinde ist ein Verständnis der ersten diakonischen Formen nicht möglich.	*Hausaufgabe für die 6. Stunde* „Erkundigt euch bei eurem Gemeindepfarrer oder bei der Diakoniestation/Gemeindeschwester danach, welche diakonischen Aufgaben sie haben! Bittet euren Pfarrer um Informationsmaterial zum Thema „Diakonie".	Das Gespräch über Diener – Diakon – Minister soll nicht zu ausführlich sein! Die Beschäftigung mit der Urgemeinde muß den Schülern schmackhaft gemacht werden! *Materialien*: Mat. D Bibeln

5. Stunde: Ein Beispiel aus der Diakonie: Johann Hinrich Wichern	– Kinderarbeit im 19. Jahrhundert, ihre Situation, die Ursachen und Folgen. – Das Leben, Wirken und die Bedeutung von Johann Hinrich Wichern. – Kinderarbeit heute – gibt es das? – Wo gibt es so etwas? – Die gesetzliche Regelung in der Bundesrepublik. – Sozialdiakonie als eine Aufgabe der Kirche.	Es soll gezeigt werden, wie und was die Kinder im vergangenen Jahrhundert haben arbeiten und erleiden müssen. Von daher ist der Einsatz von J. H. Wichern besonders zu würdigen, auch wenn sein Ansatz zur Behebung des Elends heute zu kritisieren ist. Die Schüler können an der heutigen Gesetzgebung zur Kinderarbeit sehen, wieviel erkannt und getan worden ist, um der Entwicklung der Kinder und Jugendlichen gerecht zu werden.	*Hausaufgabe:* „Löst zur nächsten Stunde das Rätsel und gebt das Lösungswort an!“	Über die Situation der Menschen im 19. Jahrhundert wissen die meisten Schüler kaum etwas. Der Geschichtsunterricht kann hier noch keine Hilfe bieten. Durch die Medien sind aber viele Schüler informiert über die Situation der Kinder in der Dritten Welt heutzutage. *Materialien:* Mat. 4 Mat. 5 Mat. 6 Mat. 7 Mat. 8 (Mat. 4–8 für jeden Schüler kopiert) Mat. E – An die Hausaufgabe aus der 4. Stunde erinnern! – Photokopie des 20-DM-Scheines nicht vergessen! – Ist Informationsmaterial über die Arbeit des Diakonischen Werkes vorhanden?
6. Stunde Diakonie heute	– Die verschiedenartigen Aufgabenfelder der Diakonie sollen bekannt werden. – Die diakonische Arbeit am Ort soll kennengelernt und gewürdigt werden. – Das Zeichen, das Motto und die biblische Begründung für die Arbeit des Diakonischen Werkes der EKD gehören zum Grundwissen in dieser Einheit.	Wenn man das Thema „Diakonie“ behandelt, muß man auch wissen, was in diesen Themenbereich hineingehört, was unter diesem Stichwort getan wird, wer etwas tut und welche Organisationen dahinter stehen.	*Hausaufgabe:* (Falls die Arbeitsaufgabe mit dem 20-DM-Schein noch nicht beendet wurde: „Ihr habt 20 DM und wollt die Diakonie unterstützen. Welchem Aufgabenfeld	Abrufen der Rätsellösung nicht vergessen! Die Hausaufgabe der 4. Stunde muß abgerufen werden! Zuviel Zeit sollte nicht auf das Besprechen der einzelnen Aufgabenfelder verwendet werden! *Materialien:* Informationsmaterial des Diakonischen Werkes (von Schülern und Lehrer besorgt!)

	– Die Schüler sollen selber herausfinden, welches Aufgabenfeld ihnen persönlich am wichtigsten zu sein scheint.		wollt ihr euer Geld geben? Begründet auf der Rückseite der Photokopie, warum ihr gerade diesem Aufgabenfeld eure 20 DM gegeben habt!") „Erstellt aus dem Informationsmaterial des Diakonischen Werkes eine Collage in eurem Heft oder Ordner. Gebt eurer Arbeit den Titel: „So arbeitet die Diakonie."	Mat. 9 Mat. F Film für die 9. Stunde bestellen.
7. Stunde Behinderte – Menschen wie Du und ich	– Die Stillarbeit ist eine wichtige Vorarbeit. – Was wünschen wir uns? Was wünscht sich der behinderte Junge? Erkennen wir Unterschiede in den Wünschen? – Verschiedene Formen und Ursachen von Behinderungen werden besprochen. – Information über Behinderte und Behinderungen.	Viele Schüler haben kaum Umgang mit Behinderten, wissen kaum etwas über die Ursachen, Formen und Empfindungen von diesen Menschen. Es gibt viele Vorurteile und falsche Meinungen über sie. Durch exaktes Wissen kann es zu einem besseren Verständnis kommen.	*Hausaufgabe:* „Lernt, was im Heft an Informationen über Behinderte, Behinderungen, Ursachen und Zahlen notiert wurde!"	Falls vorgesehen: Zu Beginn Gemeinschaftscollage erstellen! Benötigt: – großes Papier – Kleber – Tesafilm – Schere – Filzstifte – Informationsmaterial *Materialien:* Mat. 10 und 11

8. Stunde Umgang mit Behinderten	– Erste Einblicke in die Schwierigkeiten, denen Behinderte immer wieder ausgesetzt sind. – Versuch einer ersten Konfliktlösung. – Wie gehen wir mit Behinderten angemessen um? Was ist richtig, was würde sie belasten? – Regeln für den Umgang. – Was ist ein Spastiker? Woher kommt seine Behinderung? Ein Blick hinter die Maske. – Kennenlernen von Art, Ursachen und Auswirkungen dieser Behinderung.	Es ist für den Umgang mit Behinderten wichtig, eine Art kennengelernt zu haben und Bescheid zu wissen. So kann das äußere Erscheinungsbild gedeutet werden und die Bereitschaft geschaffen werden für eine echte Kontaktaufnahme.	*Hausaufgabe:* Erlernen der Regeln, die für den Umgang mit Behinderten erarbeitet und aufgeschrieben wurden.	Die wenigsten Schüler haben Kontakte und Erfahrungen mit Behinderten. Beim Nachgespräch der Kurzgeschichte muß diese Tatsache bedacht werden. *Materialien:* Mat. G zum Vorlesen durch den Lehrer Ist der Film für die kommende Stunde bestellt worden?
9. Stunde Wir lernen eine Gruppe von Behinderten kennen: Die Spastiker	– Der Film „Nicht mehr versteckt“ soll die Situation von Behinderten –, hier handelt es sich um Spastiker, – deutlich vor Augen führen. – In der Nacharbeit werden Ängste, Ekel, Erschrecken und die Gefühle beim Betrachten der Gesichter und Gesten aufgearbeitet. – Durch ein Arbeitsblatt wird das Gesehene noch einmal überdacht. – Erste Hinweise für die Reaktionen auf Behinderte macht die Zeitungsmeldung deutlich. – Gründe und Ursachen für die negativen Reaktionen auf Behinderte sollen überlegt werden.	Wer keinen Umgang mit Behinderten hat, tut sich schwer, sich ihre Situation vorzustellen. Der Film macht es den Schülern nicht leicht, läßt sie aber mitfühlen und miterleben, sofern sie sich dem aussetzen.	*Hausaufgabe:* Falls das Arbeitsblatt zum Film im Unterricht nicht zu Ende geführt wurde, soll es zu Hause fertiggestellt werden.	Nicht vergessen: Die Regeln für den Umgang mit Behinderten wiederholen! Der Film mutet den Schülern einiges zu! Es ist wichtig für Ruhe zu sorgen und eventuelle negative Kommentare von vornherein zu unterbinden! *Materialien:* – Film: „Nicht mehr versteckt“ – Mat. 12 – Mat. H muß vom Lehrer kopiert für jeden Schüler mitgebracht werden.

10. und 11. Stunde Behinderte in dunkler Zeit	– Fakten zum Wort „Euthanasie“. – Durch eine Rechenaufgabe die Vorbereitung des Gedankens vom „lebensunwerten Leben“ kennenlernen. – Durch den Bericht von Willi, dem behinderten Jungen, erkennen, wohin das geführt hat. – Informationen über die Planung und Ausführung dieser Morde an Behinderten erhalten. – Die Lügen erkennen, die den Angehörigen gegenüber gemacht wurden. – Fakten und Zahlen sollen gewußt werden. – Aufarbeitung des Erfahrenen durch eine Gruppenarbeit.	Wenn der Lehrer diese Stunde seinen Schülern zumuten kann, sollten die heute bekannten Tatsachen nicht verschwiegen werden. Für einen sachgemäßen Umgang mit Behinderten muß man um diese „dunkle Zeit“ wissen. Die Diskussion über das Problem der „Euthanasie“ heutzutage ist durch die Geschehnisse im Dritten Reich nach wie vor beeinflußt.	*Hausaufgabe*: Fertigstellung des Leserbriefes vom Ende der 11. Stunde	Kontrolle des Arbeitsblattes zum Film der letzten Stunde! Diese Doppelstunde wird die Schüler teilweise erschrecken und belasten. Die Fakten müssen zwar dargestellt und bestätigt werden, sollten aber nicht zu einem Sensationsbericht ausarten! Der abschließenden Gruppenarbeit muß Raum und Zeit gegeben werden. *Materialien*: Mat. 13–15 Mat. I
12. und 13. Stunde: Das Spiel Fürsteneck	– Spielerisch sollen sich die Schüler mit der Frage auseinandersetzen, ob sie selber an einem Ort ihre Ferien verbringen möchten, an dem auch Behinderte leben oder Urlaub machen. – Im Spiel soll demokratisches Verhalten eingeübt werden. – Es wird geübt, aufeinander zu hören und dem anderen eine eigene Meinung zuzugestehen.	Das Spiel eröffnet neue Möglichkeiten der Meinungsbildung, der Artikulierung, der eigenen Stellungnahme zum Thema: Behinderte am Urlaubsort? Das „Spiel“ soll ernstgenommen werden. Einordnung ins Spielgeschehen und Hörbereitschaft sind unbedingt erforderlich!	*Hausaufgabe*: „Schreibt an den Bürgermeister von Fürsteneck einen Brief, in dem ihr eure Meinung zu einem Behindertenheim im Kurort Fürsteneck begründet.“	Die besten „Leserbriefe“ sollten kopiert werden, nachdem die Gruppen sie vorgelesen haben. Das „Spiel“ erfordert Ruhe, Ordnung und gegenseitiges Ausreden- und Argumentieren-Lassen. *Materialien:* Mat. 16–18 Mat. K muß vom Lehrer kopiert mitgebracht werden (2 Exemplare)

	– Der Brief an den Bürgermeister erfordert eine eigene, offene Meinung, zu der man auch stehen muß. – Die wahren Geschehnisse in Fürsteneck lassen deutlich werden, daß die Gedanken des Dritten Reiches immer noch lebendig sind.		(Eventuell auch in freiwilliger Arbeit vorstellbar!)	*Hinweis:* Der Stadtplan (Mat. 16) könnte vom Lehrer auch vergrößert und aufgehängt werden.
14. Stunde: Diakonie als Nachfolge Jesu	– Das Gespräch darüber, was man im Haushalt nicht gerne macht, soll als Einleitung dienen, über Arbeiten nachzudenken, die man für unwürdig, für „Sklavendienst" hält. – Jesus tat einen solchen „Sklavendienst", als er seinen Jüngern die Füße gewaschen hat. – Die Bedeutung und Begründung für die Feier des Passahfestes wird den Schülern in die Erinnerung zurückgerufen. – Die theologische Bedeutung, daß Jesus als der Meister seinen Jüngern die Füße wusch, soll in einer für die Schüler verständlichen Weise erarbeitet werden. – Der Papierschnitt zeigt, wie eine uns fremde Kultur die Fußwaschung darstellt und deutet. – In einem Lied des Gesangbuchs werden diese Gedanken des einander Dienens ausgedrückt und vertont.	Daß diakonische Arbeit keine einfache Sache ist, dürfte den Schülern mittlerweile klargeworden sein. Warum Menschen bereit sind, „Sklavenarbeiten" zu leisten, soll in dieser Stunde erarbeitet werden. Für das bessere Verständnis werden in dieser Stunde verschiedene Medien verwendet: Die biblische Geschichte aus Joh 13, das Bedenken der Bräuche des Passahfestes, eine Bildbetrachtung, eine Liedkatechese, das Gespräch über die „Freuden der Mithilfe im Haushalt".	*Hausaufgabe:* „Lernt zur nächsten Stunde das Lied auswendig!"	Einige Briefe an den Bürgermeister werden vorgelesen! Diese Stunde muß konzentriert durchgeführt werden. Die einzelnen Phasen dürfen nicht zu viel Raum einnehmen. Falls der Lehrer Schwierigkeiten mit dem Singen hat, sollte er einen Schüler bitten, zur nächsten Stunde eine Flöte o. ä. mitzubringen. *Materialien:* Mat. 19 Mat. L vom Lehrer für die Schüler kopiert Bibeln

15. Stunde: Was können wir tun?	– Die Schüler sollen nach Möglichkeiten suchen, wie sie Menschen, die in Not sind, helfen können. – Aktivitäten sollen gefunden und in die Tat umgesetzt werden. – Die Information über den Brauch im Alten Testament, den „Zehnten“ zu geben, soll die Schüler überlegen lassen, ob auch sie so etwas tun können. – Man kann schon mit wenigen finanziellen Mitteln in der Dritten Welt etwas gegen die Not und die Krankheiten tun! – Nur „Begegnungen“, das Bemühen, den anderen kennenzulernen und ein Stück weit zu verstehen, schafft echte Brükken zum andersartigen, auch zum behinderten Menschen! – „Begegnungen“ sollen überlegt, bedacht, geplant und ausgeführt werden.	Nur was zur Tat wird, hat einen echten Wert! Auch der Religionsunterricht sollte bisweilen Anstiftung zur Tat werden! Im Tun erkennt man, ob das, was man über den Kopf begriffen hat, einen echten Sinn hat. Die Planung und Ausführung von Aktivitäten und Begegnungen mit behinderten Menschen läßt die Schüler nacherleben, was Jesus mit seinem Vorbild der Fußwaschung gemeint hat. Die Aktivitäten und Begegnungen werden viel Freude schaffen und die Befriedigung geben, etwas wirklich Sinnvolles gemacht zu haben und kein „Sklavendienst“ gewesen zu sein!		Zu Beginn der Stunde wird das Lied gemeinsam gesungen! Die Vorbereitungen erfordern viel Arbeits- und Zeiteinsatz. Die Unterstützung durch die Eltern ist eine wertvolle Hilfe. Die Absprache mit der Schulleitung und den Kollegen ist unbedingt erforderlich. Eine Nacharbeit sollte nicht vergessen werden! *Materialien:* Mat. 20 Mat. M und N (kopiert) Bibeln

Stundenbeschreibung

1. Stunde: Außenseiter I

A. Methodisch-didaktische Vorbemerkungen

Diese erste Stunde dient als wichtiger Einstieg in die gesamte Einheit: Der Lehrer erfährt im Gespräch, wo seine Schüler stehen, was sie wissen, wie und wo sie schon eine eigene Meinung gebildet haben, wie groß ihr Wissensstand ist, wo bereits Vorurteile herrschen.
Es wird zunächst darum gehen, bei den Schülern „abzuklopfen", wie sie dem Problem „Außenseiter" gegenüberstehen. Die Information sollte erst weitergegeben werden, wenn die Schüler sich artikuliert haben.
Es wird eine wichtige Aufgabe in dieser ersten Stunde sein, die „Außenseiter" beim Namen zu nennen. Dort, wo die Schüler erwartungsgemäß Informationslücken haben, ist eine sorgfältige Unterrichtung der Schüler erforderlich.
In dieser Stunde werden Weichen gegen Vorurteile und Fehlmeinungen gestellt! Die Schüler sollen ahnen, daß Arbeitslose, Obdachlose, asylsuchende Menschen bei uns unsere Hilfe, unser Verständnis und nicht unsere Verachtung brauchen.

B. Ziele der Stunde

Am Ende dieser ersten Stunde sollen die Schüler wissen, daß

- Außenseiter bei uns leben, die aus vielschichtigen gesellschaftlichen Ursachen zu „Außenseitern" und Randfiguren geworden sind,
- Hilfsangebote vielseitig und sensibel gemacht werden müssen und nicht in jedem Fall eine Änderung der Verhältnisse bringen,
- Vorurteile abzubauen und Verständnis zu entwickeln eine wichtige Aufgabe der Christen ist,
- das Aufzeigen der Ursachen in vielen Fällen gar nicht möglich ist,
- vorschnelle Meinungen wenig bringen,
- auch kinderreiche Familien, Alte, unverheiratete Paare unter Umständen „Außenseitererfahrungen" machen oder machen werden.

C. Stundenverlauf

Die **Phase 1** dient der Einstimmung in das Thema. Es geht darum, das Wissen der Schüler zu erforschen, Emotionen zu erfragen, Vorurteile anzuhören und zu besprechen.
Es ist sinnvoll, bereits an dieser Stelle die genannten „Außenseiter" an der Tafel festzuhalten und abschreiben zu lassen. Der Lehrer sollte vor allem die Vorschläge der Schüler notieren und sich selber mit Nennungen zurückhalten. Wenn nötig, können jedoch bereits hier Informationen angeboten werden.
Man schätzt die Zahl der Obdachlosen, Stadtstreicher u. a. bei uns in der Bundesrepublik Deutschland auf etwa 70000 Personen, die Hintergründe sind vielschichtig, nicht selten spielen mißglückte Partnerschaften eine große Rolle für dieses Leben.
In der Bundesrepublik leben etwa 4400000 Gastarbeiter (Stand 1985), wobei die Türken den größten Prozentsatz ausmachen.

Bis zum Jahr 1986 stieg der Anteil der Menschen, die bei uns Asyl suchten, ständig (von 1984 auf 1985 um mehr als das Doppelte), vor allem seit der Schließung des Zugangs über Ostberlin ist die Zahl drastisch zurückgegangen (1986: 99650; 1987: 57379). Jedoch darf nicht verschwiegen werden, daß die Bundesrepublik unter den westlichen Staaten in der Mitte der Aufnahmestatistik liegt und weltweit erst an 50. Stelle (laut „Bundesvorstand des Deutschen Gewerkschaftsbundes“ 1986) steht.
Während noch vor wenigen Jahren die Asylsuchenden aus Afrika und Asien spektakulär die Medien beschäftigten, ist zur Zeit Ruhe in die Diskussion eingekehrt. Zur Zeit stehen die Polen mit fast 30% an der Spitze der Asylsuchenden. Es werden unter 10% der Asylanträge genehmigt. Jedoch ist die Zahl der Abschiebungen gering, da die Bundesrepublik Deutschland in internationale Verträge eingebunden ist.
Man schätzt die Zahl der Drogenabhängigen auf etwa 50000 Menschen, die Zahl der Alkoholkranken wird mit 1,5 Millionen angegeben, wobei auch weitaus höhere Zahlen genannt werden.
Als suchtgefährdet im allgemeinen Sinn gelten bei uns etwa 800000 Menschen. Diese Zahlen beruhen auf Angaben des „Statistischen Jahrbuchs 1986 für die Bundesrepublik Deutschland“ und auf telefonische Auskünfte durch das „Diakonische Werk der evangelischen Kirchen“ in Stuttgart und sind der „Unterrichtung durch die Bundesregierung“ vom 16. 7. 1986 entnommen, die das Bundesministerium für Jugend, Familie, Frauen und Gesundheit gemacht hat.
Man rechnete 1986 mit mehr als 3 Millionen Sozialhilfeempfängern.

Phase 2 beginnt mit einer Bildbetrachtung. Es handelt sich im einzelnen um
Bild 1 einen Obdachlosen,
Bild 2 eine Gruppe von Landfahrern [Hinweis für die Kollegen: Der Zentralrat Deutscher Sinti und Roma bittet darum, nicht mit der Gruppe der „Landfahrer“ gleichgesetzt zu werden.
Ebenfalls betrachtet er es als Fehlmeinung, die ethnische Minderheit der Sinti und Roma als „Außenseiter“ und „Randfiguren“ innerhalb unserer Gesellschaft zu sehen!]
Bild 3 2 Flüchtlingsfrauen, die 1945 vor den Toren von Königsberg auf ihren Koffern sitzen und auf ihre Abreise warten,
Bild 4 eine Familie von Asylbewerbern im Wartezimmer einer Behörde,
Bild 5 eine alte Frau, die in unserer Gesellschaft durchaus auch zu der Gruppe von Außenseitern gehört,
Bild 6 ein junges mongoloides Mädchen, das mit einem jungen nichtbehinderten Mann tanzt.
Im zweiten Teil dieser Phase wird das Gedicht (Mat. A) (siehe S. 22) vom Lehrer vorgelesen. Wenn die den Schülern noch unbekannten Begriffe geklärt wurden, soll hier vor allem der Kreislauf des Elends angesprochen werden:
Während diese „Wermutsbrüder“ aus Fürsorgeheimen, Lagern, Gefängnissen kommen, möchte der „bürger brockstiepel“ sie gerade dorthin bringen und merkt dabei gar nicht, wie er diesen Elendskreislauf fortsetzt! Die Schüler sollen erkennen, daß mit dem Vorschlag „brockstiepel“ gerade jener Kreislauf geschlossen wird, den man aufbrechen muß, will man wirklich und effektiv helfen!

In der **Phase 3** werden jene Informationen von den Schülern notiert, die dem Lehrer für die Schüler wichtig zu sein scheinen. Dabei kann das informelle Gespräch von Phase 1 noch einmal aufgenommen werden.

Einen wichtigen Stellenwert nimmt die **Hausaufgabe** ein. Sie kann das im Unter-

richt Behandelte in die Familie hineintragen, das Gespräch mit den Eltern in Gang setzen und für eine Weile zu einer intensiven Beschäftigung mit der Zeitung führen. Der Kollege muß damit rechnen, daß besonders motivierte Schüler sogar bei Vermietern anrufen und sie befragen, weshalb sie
- keine Ausländer,
- keine unverheirateten Paare,
- keine Familien mit kleinen Kindern,
- keine Raucher, u. a. m.

als Mieter wünschen.

Mat. A

herr brockstiepel
und die penner

herr brockstiepel
sieht bei
einem spaziergang
abgewrackte menschen
unter der
brücke;
herr brockstiepel
ruft:
ihr penner
und wermutbrüder,
ihr tagediebe
und hungerleider
gehört alle
in fürsorgeheime
und lager
und in den knast.
da kommen wir her,
sagen die menschen
unter der brücke:
aus
fürsorgeheimen
und lagern
und dem
knast.

aus: „Nennt sie beim Namen“,
Herder Taschenbuch Freiburg

2. Stunde
Außenseiter II: Gastarbeiterkinder

A. Methodisch-didaktische Vorbemerkungen

Die zweite Stunde soll den Schülern an zwei konkreten Fällen die Problematik von Außenseitern verdeutlichen:
Zum einen durch die Nachbesprechung der Hausaufgabe, die sicherlich etlichen Schülern eine wichtige Erkenntnis vermittelt in bezug auf die Gruppen, die bei uns als Mieter unerwünscht sind und zum anderen durch die Situation von jenen Kindern, die als Gastarbeiterkinder unter den Schülern leben, u. U. mit ihnen zusammen einige Klassen der Grundschule besucht haben: Das Lied von „Ayşe und Jan“.
Da die Schüler dieser Altersgruppe sich noch spontan über Unrecht aufregen und auch spontan etwas dagegen unternehmen möchten, wird ein Mangel an Gedanken und Vorschlägen nicht zu befürchten sein.
Die Phase 2 bietet drei Konkretionen:
- die Erfahrung, daß jedes Volk Begriffe hat, die anderen schwerfallen, orthographisch richtig zu schreiben,
- der Leserbrief „Tierfreund“, dessen Menschenverachtung – man kann auch von Dummheit sprechen – den Schülern schnell ins Auge fallen wird,
- das Besprechen der Tätigkeiten, die von Gastarbeitern bei uns in der Bundesrepublik ausgeübt werden.

Die dritte Phase bietet eine kurze Bibelarbeit, die eingebettet ist in die kurze Wiederholung bestimmter Phasen der Geschichte Israels. Darüber hinaus bietet diese Arbeit an der Bibel einen ersten Hinweis für die Schüler, weshalb die Behandlung von fremden Menschen bei uns

ein wichtiges Thema auch des Religionsunterrichtes ist.
Die Hausaufgabe, die Übertragung des Bibeltextes in unsere Zeit, soll das Besprochene in häuslicher Nacharbeit vertiefen und festigen.

B. Ziele der Stunde

Am Ende der Stunde sollen die Schüler
- die Situation des Fremdseins nachempfinden können,
- in ihrem Alltag darauf achten können, wo Gastarbeiterkindern Unrecht geschieht,
- Besserungsvorschläge und überlegtes Handeln artikulieren können,
- wissen, daß jeder Mensch in die Rolle des „Fremden“ geraten kann,
- wissen, warum Gastarbeiter bei uns sind, was sie bei uns arbeiten, daß wir sie und ihre Arbeit benötigen,
- lernen, daß die Sorge für Fremde und Außenseiter ein uns von Gott gegebenes Gebot ist.

C. Stundenverlauf

Die Auswertung der **Hausaufgabe** ist ein wichtiger Bestandteil dieser Stunde. Sie arbeitet hin auf die konkreten Erfahrungen von Gastarbeiterkindern. Viele Schüler werden beim Heraussuchen der entsprechenden Wohnungsanzeigen noch nicht gewußt haben, welche Menschengruppen als Mieter unerwünscht sind. Sie werden im Nachgespräch ihre Empörung artikulieren.

Das Lied von „Ayşe und Jan“ (Mat. 2) in **Phase 1** soll den psychologischen Hintergrund von Kinderverhalten erarbeiten und Wege zueinander weisen. Sicherlich werden die Schüler schnell erkennen, daß sich beide Kinder falsch verhalten und wo ihre Fehler liegen. Zum Schluß werden sie ihre Erleichterung darüber ausdrücken, daß die beiden Wege zueinander gefunden haben, die eine gemeinsame Basis für Verständnis und Freundschaft sind.
Die Reaktion des Vaters im Lied wird bei den Schülern u. U. mit einem gewissen mitleidigen Lächeln kommentiert werden: „Na ja, der ist ja auch schon alt und kann das nicht verstehen!“

Phase 2 soll Vorurteile aufzeigen, die Unwissenheit als Hintergrund haben:
- Auch Deutsche haben Schwierigkeiten mit der Rechtschreibung in einer fremden Sprache! (Mat. 3)
- Der Leserbriefschreiber scheint das, was er benennt, wohl kaum durchdacht zu haben! (Mat. B) (siehe S. 24)

Der Leserbrief leitet über zur Frage, welche Tätigkeiten die Gastarbeiter bei uns in der Bundesrepublik ausüben. Die genannten Arbeiten sollen kurz besprochen werden, wobei die Schüler von eigenen Beobachtungen erzählen, der Lehrer aber ergänzen wird.
Sicherlich wissen die Schüler kaum um das Ausmaß an Armut und Hoffnungslosigkeit, das viele Gastarbeiter zur Arbeit in eine ihnen fremde Kultur, Landschaft, Sprache und Umwelt treibt.
Die Überlegung, was passieren würde, wenn alle Gastarbeiter unser Land verlassen würden, bietet ungeahnte Ausblicke: Große Teile unserer Wirtschaft lägen fast total lahm!

Die Bibelarbeit in **Phase 3** wird durch Geschichten aus dem Alten Testament, die vom Fremdsein oder Fremden in Israel erzählen, spielerisch eingeleitet. Der Vers aus 3. Mose 19 macht die Fürsorgepflicht deutlich, die Israel Fremden gegenüber als ihm von Gott verordnet empfand.

Mat. B

Tierfreund

1. Teil
Die Reihe mit den Ferienerlebnissen unserer Leser ist eigentlich abgeschlossen. Aber nun ist noch ein Kärtchen eingetrudelt, das ein eindrucksvolles Erlebnis schildert. Wir wollen es unseren Lesern nicht vorenthalten. Schreibt also dieser Josef M. aus Fellbach kurz und bündig:
„Mein schönstes Ferienerlebnis: In acht Tagen Urlaub keinen Türken gesehen!!! War das schön!!!"

(Ende des 1. Teils)

2. Teil
Man muß erst dreimal schlucken, bevor man sich zur räuspern wagt. Natürlich, es hat schon immer Menschen gegeben, die pauschal diffamiert wurden: die Neger, die Preußen, die Polen, die Juden, die Türken. Vor zehn Jahren, vor vierzig Jahren. Aber vor zehn Jahren haben die das noch nicht so offen gesagt: Gedacht vielleicht, oder am Stammtisch mal fallen lassen, aber nicht so einfach aufgeschrieben, Briefmarke drauf, an die Zeitung geschickt. Da gab's noch Hemmungen, die in unserer tausendjährigen Vergangenheit begründet gewesen sein mögen.
Was mag der Josef M. aus Fellbach sich wohl freuen, wenn die Türken mal vier Wochen lang seine Straße meiden. Der Müll bleibt stehen. Der Dreck auf der Fahrbahn bleibt liegen ...
Der Josef M. ist Tierfreund. Immerhin. Auf dem Kärtchen, das er uns geschrieben hat, ist ein putziges Wilhelma-Tierchen abgebildet.

Werner Brock

15. 9. 1981 Stuttgarter Zeitung

Damit dieses Gebot nicht als eine Anweisung vergangener Zeit für fremde Menschen empfunden wird, sollen die Schüler diesen Bibelvers als **Hausaufgabe** in unsere Zeit und in die im Unterricht besprochenen Situationen übertragen. Unter Umständen muß der Lehrer hier Hinweise geben, wie die Aufgabe gelöst werden könnte.

3. Stunde: Jesu Umgang mit Außenseitern

A. Methodisch-didaktische Vorbemerkungen

In dieser Stunde sollen die Schüler zunächst über die Erzählung „Hau ab, Zigeuner" etwas über deren Situation in Spanien erfahren, ihre Schwierigkeiten bemerken, über die Reaktion eines „Nichtzigeuners" nachdenken und danach fragen, weshalb dieser Mann so unerwartet reagiert, der ja allen Grund zur Dankbarkeit hatte.
Zum zweiten wird es um einige Menschengruppen und ihre Situation zur Zeit Jesu gehen:
- um die Stellung der Samariter und die Ursache, weshalb sie verachtet werden,
- um die Tempelpriester und die Leviten,
- um die Handelsstraße Jerusalem-Jericho und die Gefährdung für die Reisenden.

Als Ziel sollen die Hinweise Jesu erkannt werden, die auch für unsere Zeit vorbildlich und wegweisend für den Umgang mit Außenseitern sind.

B. Ziele der Stunde

Die Schüler sollen am Schluß der Stunde
- sich hineinversetzt haben in die Situation anderer Menschen,
- die Situation der Zigeuner in Spanien kennengelernt haben,

- erkannt haben, wie unmenschlich die Reaktion des Vaters in der Geschichte ist und Gegenvorschläge machen können,
- Außenseiter zur Zeit Jesu kennenlernen,
- sich die biblische Geschichte vom barmherzigen Samariter ins Gedächtnis rufen,
- Fakten über Menschen um Jesus wiederholen und lernen,
- Jesu Meinung und Weisung für den Umgang mit Außenseitern kennenlernen.

C. Stundenverlauf

Das Vorlesen einiger „Übersetzungsversuche" der Schüler aus der **Hausaufgabe** soll direkt überleiten zur **Phase 2.**
Die Geschichte (Mat. C) muß unbedingt ohne Überschrift vorgelesen werden, da sie sonst die Spannung und den Höhepunkt vorwegnehmen würde!

San Silvestre liegt im südlichen Teil Spaniens in der Nähe der portugiesischen Grenze, die baskische Stadt Bilbao ist etwa 1000 km davon entfernt im Industriezentrum Spaniens an der nordspanischen Atlantikküste. Die Stadt Guernica, rund 30 km von Bilbao entfernt, wurde bekannt, als sie 1937 im spanischen Bürgerkrieg bombardiert und zerstört wurde. Durch die Wanderung über Ägypten und Nordafrika gelangten die Zigeuner ab dem 9. Jahrhundert zusammen mit den Mauren nach Südspanien. Dort wurden sie teilweise seßhaft. In ihrem Aussehen unterscheiden sie sich nur wenig von dem der anderen südländischen Völker, deren Religion sie zum größten Teil angenommen haben.

Mat. C

Hau ab, Zigeuner

José war in San Silvestre, im Süden Spaniens, geboren und bis zu seinem fünfzehnten Lebensjahr hatte er dort mit seinen Eltern und seinen beiden jüngeren Brüdern gelebt. Sein Vater war Maurer, und José half ihm, seit er dreizehn Jahre alt war.
Seine Haut war ein wenig dunkler als die seiner Freunde, seine Augen waren mandelförmig, seine Nase kräftig und seine kräftigen, weißen Zähne leuchteten hinter stark geschwungenen Lippen.
In San Silvestre schien niemand den Unterschied im Aussehen zwischen ihm und seinen Freunden zu bemerken. Nur wenn Fremde in den Ort kamen, geschah es, daß sie sich nach José umsahen.
„Zigeuner?" fragte wohl einer oder der andere der Fremden.
Die Einwohner von San Silvestre mochten dann wohl mit den Schultern zucken.
„Sein Vater ist Maurer", antworteten sie meist, und die Fremden nahmen es als Antwort. Doch dann wurde Josés Vater arbeitslos. Das kleine Haus gehörte zwar ihnen und der kleine Garten um das Haus auch. Aber der Garten gab nur wenig Ertrag, und bald wußten sie nicht, wovon sie leben sollten.
Die kleinen Gelegenheitsarbeiten, die José und sein Vater fanden, halfen auch nicht weiter. So entschloß sich Josés Vater, nach dem Norden zu gehen.
„Dort gibt es mehr Arbeit", sagte er eines Tages, als sie beim Essen saßen. „Und sie wird besser bezahlt. Wenn ich genug verdiene, suche ich uns eine Wohnung, und ihr könnt nachkommen. *Pepe* und ich finden bestimmt Arbeit."
Die Mutter weinte ein wenig, aber sie sah die Notwendigkeit ein, etwas Geld zu verdienen. Die Brüder sahen bewundernd auf José, der

eine so weite Reise machen sollte, und José war traurig, seine Freunde verlassen zu müssen, und stolz, so weit reisen zu dürfen und seiner Familie helfen zu können.
Die Sonne schien warm, als José und sein Vater mit dem Autobus nach Isla-Christina fuhren, um dort in den Zug nach Sevilla zu steigen. Sie fuhren fast zwei Tage, ehe sie nach Bilbao kamen.
Als sie aus dem geheizten Zug stiegen, schlug ihnen die kalte feuchte Luft schneidend entgegen. Das olivfarbene Gesicht Josés färbte sich schmutzig-bläulich. Der Junge fror in seinen leichten Sachen, die dem warmen Wetter San Silvestres angepaßt waren. Doch das Leben in der großen Stadt, der Verkehr, die vielen Schaufenster ließen ihn die Kälte bald vergessen.
Zwei Stunden später kam der Autobus nach Guernica, dem Ort, den man ihnen empfohlen hatte, weil dort noch Arbeiter gebraucht wurden. Und richtig. Sie fanden bald Arbeit und auch eine billige Unterkunft. Sie arbeiteten hart, und nach der Arbeit aßen sie und gingen zu Bett. Doch dann kam der Sonnabend. José hatte den Nachmittag frei. Er bummelte durch die Stadt, besah die Schaufenster und Kinoreklame. Dann traf er einen der Jungen, der mit ihm und seinem Vater am gleichen Bau arbeitete.
„Hola!" sagte José, froh, einen Bekannten getroffen zu haben.
„Ich habe Eile", sagte der andere und bog um die nächste Ecke.
Später sah der Junge den anderen gemütlich durch die Stadt schlendern. Er traf noch drei oder vier andere seiner Kollegen, aber sie alle hatten Eile. So blieb José allein und ging bald zu seinem Vater zurück ...
Am Sonntag ging er in die Messe. Als er die Kirche verließ, hörte er, wie jemand, der hinter ihm herging, spöttisch „Zigeuner" sagte. Der Junge drehte sich neugierig um, aber er sah niemanden, auf den der Ausruf gemünzt sein könnte. An diesem Sonntag hörte er das Wort Zigeuner noch dreimal.
„Sind wir eigentlich Zigeuner?" fragte er am Nachmittag seinen Vater.
Der Vater sah seinen Sohn eine Weile nachdenklich an. „Ja", sagte er schließlich. „Mein Großvater hat sich in San Silvestre seßhaft gemacht. Er ist noch mit einem Karren herumgezogen ..."
Vater und Sohn sprachen nie wieder davon. So vergingen zwei, drei Wochen. José war immer allein. Wenn er sich seinen Kollegen näherte, verstummten diese meist, oder sie sprachen das ihm unverständliche Baskisch. In den Nächten lag der Junge oft wach und weinte, oder er träumte davon, wieder nach San Silvestre zurückzugehen. – Lieber manchmal Hunger haben, dachte er dann, als immer allein sein.
Eines Abends, nach Arbeitsschluß, ging der Junge allein zu ihrem Quartier, weil der Vater noch etwas zu erledigen hatte. Es regnete heftig und der kleine Bach, der sich weiter draußen ins Meer ergoß, war stark geschwollen. Aus der Dunkelheit hörte José plötzlich einen Hilferuf. Ohne zu überlegen, lief er über das Stück Feld, das den Bach von der Straße trennte, und dem Schrei nach. Wieder erklang der Hilferuf, und der Junge konnte einen Körper entdecken, der in den Wellen des Bachs trieb und sich manchmal vergeblich am Ufer anzuklammern versuchte. José sprang ins Wasser und packte den Körper. Mühsam zog er den kleinen Jungen, er mochte sechs oder sieben Jahre alt sein, an Land und fragte den Weinenden, wo er wohne.
Dann brachte er den Jungen nach Hause. Der Vater des Jungen öffnete die Tür. „Er hat mich aus dem Bach gezogen", sagte der Kleine und wies, immer noch weinend, auf José.

Unterbrechung

Der Vater des Jungen musterte José einen Augenblick. Dann packte er seinen Sohn, als müsse er ihn vor José retten. „Hau ab, Zigeuner", sagte er halblaut ...

Mauro Pellegrini, Hau ab, Zigeuner (Originaltitel: War José anders?), Publiz. Büro Dr. P. Herzog, Tübingen, in: Die Hundesöhne und andere Geschichten, GTB Siebenstern Gütersloh 1979, 2. Auflage.

Anmerkung:
Pepe ist der Kosename von José!

Auf diesem Hintergrund kann man die Geschichte an einigen Punkten besser verstehen.
Der Schluß wird bei den Schülern spontane Empörung und die Frage nach dem „Warum“ hervorrufen und die Situation eines Zigeuners sehr deutlich werden lassen.

Das freie Gespräch über Außenseiter zur Zeit Jesu leitet über zur biblischen Erzählung des Gleichnisses vom barmherzigen Samariter aus Lukas 10 in der **Phase 3.**
Die Spannungen zwischen Jerusalem und Samaria reichen weit zurück bis in die Zeit der Trennung des Nordreiches vom Südreich um 920 v. Chr. und führten dann zur endgültigen religiösen Spaltung im Zusammenhang mit dem Wiederaufbau des Tempels nach dem babylonischen Exil (vgl. Esra 4).
Die orthodoxen Juden hielten die Samariter für unrein und warfen ihnen Götzendienst und Vermischung mit Nichtisraeliten vor, was sicherlich teilweise den Tatsachen nach der Eroberung durch die Assyrer entsprach. Die Samariter bauten um 400 v. Chr. ihr eigenes Heiligtum auf dem Berge Garizim. Für sie galten allein die 5 Bücher Mose als Heilige Schrift. Noch heute gibt es in Nablus und Jaffa eine kleine Samaritergemeinde. Die Straße von Jerusalem (etwa 800 m über Meereshöhe) nach Jericho (etwa 300 m unter Meereshöhe) hat ein beträchtliches Gefälle und war bei den Reisenden wegen der Überfälle von Straßenräubern und Zeloten sehr gefürchtet. Die Entfernung beträgt 27 km.
Jericho liegt 7 km westlich vom Jordan in der fruchtbaren Ebene und geht auf eine alte kanaanitische Siedlung aus dem 5. Jahrhundert vor Christus zurück. Zur Zeit Jesu war Jericho ein wichtiger Handelsplatz, an dem sich auch die Winterresidenz von Herodes dem Großen befand.
Jericho war auch Priesterstadt für die Priester und Leviten, die am Tempel in Jerusalem ihren wöchentlichen Dienst taten. Am Sinai hatte Gott Mose beauftragt, Aaron und seine Söhne als Priester zu weihen (2. Mose 28). Sie mußten ohne körperliche Fehler sein und die kultischen Reinheitsgesetze in besonderer Weise befolgen. Sie lebten von den Gaben, die die Gläubigen zum Tempel brachten.
Sie waren die Vermittler zwischen Gott und dem Volk, waren Gesetzeslehrer, wachten über die kultische Reinheit und lösten schwierige Rechtsfälle. Die Leviten (vgl. 4. Mose 3) waren den Priestern unterstellt und hatten vor allem die Bewachung des Tempels zur Aufgabe. Dort dienten sie vom 25. bis 50. Lebensjahr. Sie sind Mitglieder des Stammes Levi, der keinen Erbteil am Land Kanaan bekam, sondern „Eigentum“ Gottes war. Die Leviten bekamen den Zehnten vom Volk, von dem sie wiederum den zehnten Teil an die Priester abgeben mußten.
Eine Mischung aus Öl und Wein diente als Heilmittel bei offenen Wunden. Die Herberge muß man sich ähnlich wie eine Karawanserei vorstellen, wo die Reisenden ihre Tiere unterstellen konnten und in leeren Gästezimmern auf eigenen Teppichen schliefen.
Der Wirt ist eine Art Aufseher, bei dem die Reisenden auch ihre Nahrung kaufen konnten.
1 Denar war damals die Tageseinnahme eines Arbeiters. Wenn man die Schüler ausrechnen läßt, wie hoch die Summe wäre, die heute den beiden Denaren entsprechen würde, werden die Schüler über den Betrag erstaunt sein!
Hilfsbereitschaft ohne Ansehen der Person als spontaner Akt der Nächstenliebe können die Schüler bejahen und nachempfinden, wodurch ihnen diese biblische Geschichte verstehbar und nachvollziehbar wird.

4. Stunde: Die Entstehung der Diakonie

A. Methodisch-didaktische Vorbemerkungen

In dieser Stunde soll ein lernintensiver Stoff bearbeitet werden. Die gesprächsweise Erarbeitung der Begriffe „Minister", „Diakon", „Diener", „Butler" und die Erkenntnis der gleichen Wortbedeutung zielt auf die Situation in der Urgemeinde zur Zeit der ersten „Diakone".
Der Stoff dieser Stunde soll so gefestigt werden, daß er zum Lernstoff für die Schüler gehört und in der folgenden Stunde abfragbar ist.
Bibelarbeit fällt Schülern erfahrungsgemäß schwer, soll jedoch durch die Erzählung des Lehrers vorbereitet werden, so daß das Verständnis des Bibeltextes für die Schüler erleichtert wird.
Nicht vergessen werden darf am Ende der Stunde, die Hausaufgabe für die 6. Stunde vorzubereiten, da sie ein wichtiger Bestandteil innerhalb dieser Stunde sein soll.

B. Ziele der Stunde

Die Schüler sollen in dieser Stunde erfahren, daß
- die Worte „Diener", „Diakon" und „Minister" ursprünglich die gleiche Bedeutung hatten,
- dienen und anderen zu helfen eine Tätigkeit ist, die Hochachtung und Anerkennung verdient,
- die Urgemeinde mit dem Pfingstfest in Jerusalem entstand,
- dort Gütergemeinschaft, gegenseitige Hilfe und gemeinsames Abendessen gepflegt wurden,
- die Situation der frühen Christen untereinander keineswegs nur positiv war,
- es Probleme, Streitigkeiten und unterschiedliche Gruppierungen gab,
- die Lage der Witwen in der damaligen Welt teilweise sehr schwierig war und daß sie auf Hilfe von außen angewiesen waren,
- die Apostel und die Gemeinde Wege suchten und fanden, die Schwierigkeiten zu lösen, wozu sie sieben Männer auswählten und in ihr Amt einsetzten.

C. Stundenverlauf

Auch wenn die **Phase 1** gesprächsweise geführt wird, sollen die Kenntnisse, was ein **Minister** (laut Fremdwörterduden „Verwaltungsbeamter des Staates, Mitglied der Regierung", aus der lateinischen Sprache), ein **Diakon** („Diener", bzw. Krankenpfleger und Helfer in der evangelischen Kirche, im Bereich der katholischen Kirche ist „Diakon" der zweite Grad der katholischen höheren Weihen; das Wort stammt aus der griechischen Sprache) und ein **Butler** (Haushofmeister in vornehmen englischen Häusern) ist, vermittelt werden.
Der zweite Teil dieser Phase wird vermutlich unterschiedliche Schülermeinungen aufzeigen. Sicherlich werden Stellung und Bezahlung eines Ministers weit über der Bewertung eines Dieners und eines Diakons stehen. Die Frage, für welchen der drei genannten Berufe sich die Schüler entscheiden würden, wird erfahrungsgemäß nicht eindeutig beantwortet werden. Daß alle drei genannten Begriffe ursprünglich **eine** Bedeutung hatten, wird den wenigsten Schülern bekannt sein.
Die erste Phase sollte durch ein kurzes Gespräch über die Wichtigkeit und Hochachtung vor Dienen und Helfen abgeschlossen werden.

Mat. D

Streit in der Urgemeinde

Nikanor begrüßte Tychicus schon an der Tür. „Schön, daß du kommst und so viel zu essen mitgebracht hast! Wir haben Abend für Abend mehr Sorgen, alle satt zu bekommen." Tychicus schien gar nicht besorgt zu sein: „Ist doch gut," meinte er, „wenn wir immer mehr werden! Ich finde es toll, wenn so viele Menschen zum Glauben an Jesus Christus kommen und ihr Leben nach seinen Worten ausrichten wollen!" „Natürlich, klar," räumte Nikanor ein, „aber Tagelöhner und Hafenarbeiter, die Witwen und die Sklaven bringen nichts oder nur sehr wenig zu unseren gemeinsamen Mahlzeiten mit. Am Ende wird bei der Agape niemand mehr satt!"
In diesem Augenblick ging Chloe vorbei, eine von den griechisch sprechenden Christinnen. Sie wollte in den Saal hineingehen, nun aber blieb sie stehen. Sie hatte die letzten Worte gehört und schien mächtig wütend zu sein.
„Wenn das so weitergeht", giftete sie zu den beiden an der Tür hin, „bleibe ich weg! Dann könnt ihr eure Agape alleine feiern! Erstens gibt es nicht genug zu essen und zweitens werden die Gaben nicht mehr gerecht verteilt. Einige werden satt, andere stehen hungrig auf. Agape, – Liebesmahl! – Daß ich nicht lache! Gestern sind wir griechisch sprechenden Witwen wieder eindeutig benachteiligt worden! Die anderen haben sich auch beklagt, und die griechisch sprechenden Männer haben uns zugestimmt. Ist doch auch klar: In Jerusalem gelten eben die mehr, die hebräisch sprechen! Ich hätte nicht gedacht, daß es auch bei den Christen solche Unterschiede gibt. Aber das sage ich euch: Ich gehe zu den Aposteln! Ich werde mich bei ihnen beschweren! Diese Ungerechtigkeit ärgert mich gewaltig! So darf das doch nicht weitergehen bei uns. Hat nicht Jesus uns gelehrt, daß wir wie Geschwister miteinander umgehen sollen!"
Die beiden Männer waren gar nicht zu Wort gekommen. Sie hatten nur schweigend dem Zornausbruch zuhören können. Nun aber holte Tychicus tief Luft und meinte zu Nikanor: „Na, die ist aber ganz schön in Fahrt! Da bin ich aber gespannt, was den Aposteln dazu einfallen wird . . .!"
Apg 6/1–7

Anhand der Erzählung bzw. der Erzählhilfe (Mat. D) bekommen die Schüler in der **Phase 2** einen ersten Einblick in die Situation der frühen christlichen Gemeinde in Jerusalem, der durch die Erarbeitung des Bibeltextes (Apg 6/1–7) vertieft wird.
Nach der Himmelfahrt Christi bestimmten die 11 Jünger Matthias durch Gebet und Los als Ersatz für den Verräter Judas als zwölften in ihrem Kreis (Apg 1/23 und 26).
Die Apostel waren zunächst die ehemaligen 11 Jünger Jesu ergänzt durch Matthias, bald wurde dieser Kreis jedoch erweitert (vgl. die Stellung und Bedeutung des Paulus).
Nach 1. Korinther 15 gehörte zum Kreis der Apostel, wer durch den Auferstandenen dazu berufen wurde. Ihre Aufgabe bestand in erster Linie in der Verkündigung des Evangeliums, da vor allem sie sich als Übermittler der Heilsbotschaft Jesu Christi verstanden.
Innerhalb der Urgemeinde bildete Petrus einen Mittelpunkt. Es ist umstritten, ob der Herrenbruder Jakobus auch zu den Aposteln zu zählen ist.

Das Pfingstfest (das israelitische „Fest der Wochen" – Shabu'ot – 50 Tage nach dem Passahfest als Erntefest gefeiert und als Vergegenwärtigung der Sinai-Offenbarung (daher Lesung des Dekalogs)) gilt als Gründungsfest der christlichen Gemeinde.

Petrus nennt Buße und Taufe, die Verheißung der Sündenvergebung und den Empfang des Heiligen Geistes als Kennzeichen der Zugehörigkeit zur Gemeinde.
Die Christen verstanden sich zunächst als Teil der jüdischen Gemeinde. Erst nach der Steinigung des Stephanus (Apostelgeschichte 7) kam es zur Trennung von der jüdischen Kultgemeinde.
Nach Apostelgeschichte 2 und 4 waren die Kennzeichen der Urgemeinde:
- der Glaube an die Auferstehung ihres Herrn,
- die Lehre und die Verkündigung durch die Apostel,
- Gebete und das Brotbrechen,
- die Gemeinschaft untereinander und das tägliche, gemeinsame Abendessen wechselseitig in den Häusern, das „Herrenmahl" auch „Agape" (griechisch) genannt,
- Einsammeln und Verteilen von Naturalabgaben und Geld für die Bedürftigen der Gemeinde, wofür man teilweise Grundstücke verkaufte.

Die Christen scheinen sehr früh eine eigene Armenpflege gehabt zu haben, da sie offensichtlich recht bald von der jüdischen Gemeinde nicht mehr unterstützt wurden. Zur Urgemeinde gehörte einerseits eine Gruppe von Christen, deren Muttersprache das Hebräisch, bzw. das Aramäisch war, und andererseits die Gruppe der „Hellenisten", die griechisch sprachen, da sie als Diasporajuden im Ausland geboren waren und die damalige Weltsprache Griechisch sprachen. Viele Auslandsjuden zogen im Alter nach Jerusalem, um dort zu sterben, begraben zu werden und die Ankunft des Messias zu erwarten. Wenn ihre Frauen sie überlebten, waren sie sehr häufig auf Hilfe von außen angewiesen, da sie in der Regel ohne Familie in der Fremde lebten.
Als es zum Streit der Witwen untereinander kommt, berufen die Apostel eine Gemeindeversammlung ein und schlagen die sieben hellenistischen Diasporajuden vor, die für die Gleichbehandlung der Witwen sorgen sollen. Nachdem die Gemeinde diesen Vorschlag akzeptiert hat, setzen sie diese durch Handauflegen in ihr Amt ein, einem Brauch, der ebenso wie die Sieben-Zahl aus jüdischer Gemeindepraxis stammt.
Der Hinweis des Lehrers auf den Tod des Stephanus, einer der sieben „Diakone", wirft ein Licht auf das weitere Schicksal der ersten Christen in Jerusalem.
Zum Schluß darf nicht vergessen werden, die **Hausaufgabe** für die 6. Stunde sorgfältig mit den Schüler vorzubesprechen!

5. Stunde: Ein Beispiel aus der Geschichte der Diakonie: Johann Hinrich Wichern

A. Methodisch-didaktische Vorbemerkungen

Die Schüler sollen durch emotionale Reaktionen auf das Thema „Kinderarbeit" zu der gehaltlich anspruchsvollen Einheit „19. Jahrhundert – Situation der Kinder – Johann Hinrich Wichern" hingeführt werden.
Das Rätsel am Schluß dient der Vertiefung des erarbeiteten Stoffes.
Der Weg des Erlernens und Verstehens der Situation der Kinder damals – und heute in der sogenannten Dritten Welt – soll über die Identifikation mit der Situation von Kindern im Alter der Schüler gehen.
Es ist nicht zu erwarten, daß Schüler dieses Alters – im Geschichtsunterricht kommt man in dieser Klassenstufe nur bis zum Beginn der Neuzeit – über die soziale Situation und das Arbeiterelend im 19.

Jahrhundert bereits viel wissen. Durch die Medien, aus dem Fernsehen, Zeitschriften und Büchern wird ihnen aber bekannt sein, daß auch heute noch Kinder ihres Alters in der Dritten Welt und teilweise auch in Südeuropa aus Not arbeiten müssen, während sie selber ihr Taschengeld durch das Austragen von Zeitungen u. ä. aufbessern.

B. Ziele der Stunde

Am Ende dieser Stunde sollen die Schüler wissen, daß
- im letzten Jahrhundert bereits kleine Kinder auf Grund von wirtschaftlicher Not zur Arbeit gezwungen waren, um den Lebensunterhalt der Familie zu verbessern,
- der Verdienst minimal, die Arbeitszeit maximal lang waren,
- kaum Zeit für den Schulbesuch blieb,
- am Ende des 19. Jahrhunderts durch Gesetze die Kinderarbeit erst eingeschränkt, später ganz verboten wurde,
- daß auch heute noch Kinder in den armen Ländern der Erde zur Arbeit gezwungen sind,
- bei uns in der Bundesrepublik die Arbeit von Jugendlichen durch strenge Gesetze geregelt ist,
- die Kirche ein Wächteramt hat gerade auch in bezug auf Kinder und Jugendliche.

C. Stundenverlauf

Phase 1 beginnt mit der Bildbetrachtung der „Kinderarbeiter um 1850“ (Mat. 4). Die Fotografie zeigt englische Kinderbergarbeiter.
Der Lehrer wird den Schülern kurz von dem Elend der Arbeiter im letzten Jahrhundert in Westeuropa berichten, die durch die Erfindung der Maschinen und das Überangebot von Arbeitskräften um geringen Lohn und zu äußerst schlechten Bedingungen zur Arbeit gezwungen waren.
Die Bergarbeiterjungen auf der Fotografie sind wie Erwachsene gekleidet, sie blicken den Betrachter mit ernsten, erwachsenen, traurigen Augen an. Die beiden Texte zur Kinderarbeit sprechen für sich: Sie beschreiben die Arbeitsbedingungen (Text a) und die unmenschlichen Arbeitszeiten (Text b) (Mat. 5). Die Schüler müssen erfahren, daß die Eltern ihre Kinder nicht aus Bosheit oder Schikane zur Arbeit schickten, sondern aus purer Existenznot. Nur wenn alle – selbst die kleinsten Kinder – zum Lebensunterhalt beitrugen, war ein Leben am Rande des Existenzminimums für viele Arbeiterfamilien möglich. Der Lehrer sollte nicht vergessen zu erwähnen, daß die Verkürzung der Kinderarbeitszeiten und das spätere Verbot vor allem darauf zurückging, daß die Jugendlichen – hier ging es vor allem um die Jungen – körperlich kaputt und nicht mehr tauglich zum Wehrdienst waren!

Phase 2 setzt wieder mit 3 Bildern ein: (Mat. 6)
- Johann Hinrich Wichern, gutgekleidet im mittleren Alter,
- das Rauhe Haus in seinem ursprünglichen Aussehen,
  ein Blick in den Arbeitsraum für Knaben im Rauhen Haus als zeitgenössischer Stich.

Johann Hinrich Wichern wurde 1808 in Hamburg als Ältester von 8 Kindern geboren. Er mußte nach dem frühen Tod des Vaters bereits als 16jähriger für den Unterhalt der großen Familie sorgen. Er gibt Nachhilfeunterricht und arbeitet als Erzieher in einer Anstalt für Arbeiterkinder.

Bei seiner Arbeit in dieser Anstalt entdeckt er seine besondere Zuneigung zu gerade jenen Kindern, die das Leben vernachlässigt und vergessen hat.
Neben seiner Arbeit bringt Wichern es fertig, seinen Schulabschluß zu machen und Theologie zu studieren.
Am 31. Oktober 1833 – nach Beendigung seines Studiums – zieht Wichern zusammen mit seiner Mutter und 14 Kindern (zunächst waren auch Mädchen dabei, später kam es zur Trennung der Geschlechter) in „Ruges Hus" ein. Seinen Namen hatte dieses Haus entweder von einem Vorbewohner bekommen, es war im Besitz der Senatorenfamilie Sieveking und wurde Wichern zur Verfügung gestellt. Später wurde das Haus bekannt unter dem Namen „Rauhes Haus", wobei das Wort „Ruge" dem „rauh" im Plattdeutschen entspricht (eine zweite mögliche Wurzel des Namens). Wichern will eine Gemeinschaft aufbauen, die getragen ist von Liebe und Vertrauen, frei von Zwang und körperlichen Strafen. Er vermittelt den Jungen aus der sozialen Unterschicht eine Schulbildung und eine handwerkliche Ausbildung unter der Leitung von sogenannten „Brüdern" (vgl. Bild c). Sein Werk und seine Gedanken – nicht ohne Enttäuschungen und Rückfälle – breiten sich aus und finden in Deutschland schnell Nachahmer.
1848 wird Wichern zum Begründer der „Inneren Mission", die getragen ist von dem Gedanken der inneren und äußeren Erneuerung des Menschen durch Christus. Zeitweilig arbeitet Wichern in Berlin im Auftrag des preußischen Königs an der Erneuerung des Gefängniswesens, scheitert aber am Widerstand vor allem der Bürokratie.
Er kümmert sich um die Wanderarbeiter (die „Herbergen zur Heimat" gehen auf seine Anregung zurück), er gründet die Stadtmission und schickt viele der „Brüder" zu sanitären Hilfsdiensten in die Kriege 1866 und 1870/71. 1881 stirbt er nach langem Siechtum in Hamburg.
Das Hauptgewicht sollte in dieser Phase auf Wicherns Arbeit und Sorge für die vernachlässigten Kinder und Jugendlichen liegen. Die anderen Fakten wird der Lehrer den Schülern je nach Interesse und Verlauf des Unterrichts vermitteln.

Phase 3 soll die Frage nach „Kinderarbeit heute" aktualisieren. Das Bild macht auf das Elend von Kindern in jenen Gebieten, die einige Schüler vielleicht schon als Touristen besucht haben, aufmerksam (Mat. 7).
Die Parallele zur Situation in Westeuropa im 19. Jahrhundert wird sich schnell und einleuchtend herstellen lassen.
Ein großer Teil der Schüler wird über die Lage in den Ländern der Dritten Welt Bescheid wissen und berichten können.
Die Frage nach der Erlaubnis zu eigener bezahlter Arbeit schließt diesen Teil vorläufig ab und informiert kurz über die rechtliche Situation in der Bundesrepublik anhand des Textes zum Jugendarbeitsschutzgesetz (Mat. 8).

Die Frage in **Phase 4**, ob es Aufgabe der Kirche sei, sich über die Arbeit von Kindern und Jugendlichen Gedanken zu machen und gegebenenfalls Konsequenzen von seiten des Gesetzgebers zu fordern, führt noch einmal zu Wichern zurück. Er fühlte sich als Christ und Theologe auch verantwortlich, gegen gesellschaftliche und ökonomische Fehlentwicklungen aktiv zu werden und zu helfen.
Die Lösung des Rätsels als **Hausaufgabe** soll den behandelten Stoff vertiefen und festigen (Mat. E).
Der Lehrer wird die kopierten Texte am Schluß der Stunde an die Schüler austeilen.

Mat. E

Rätsel

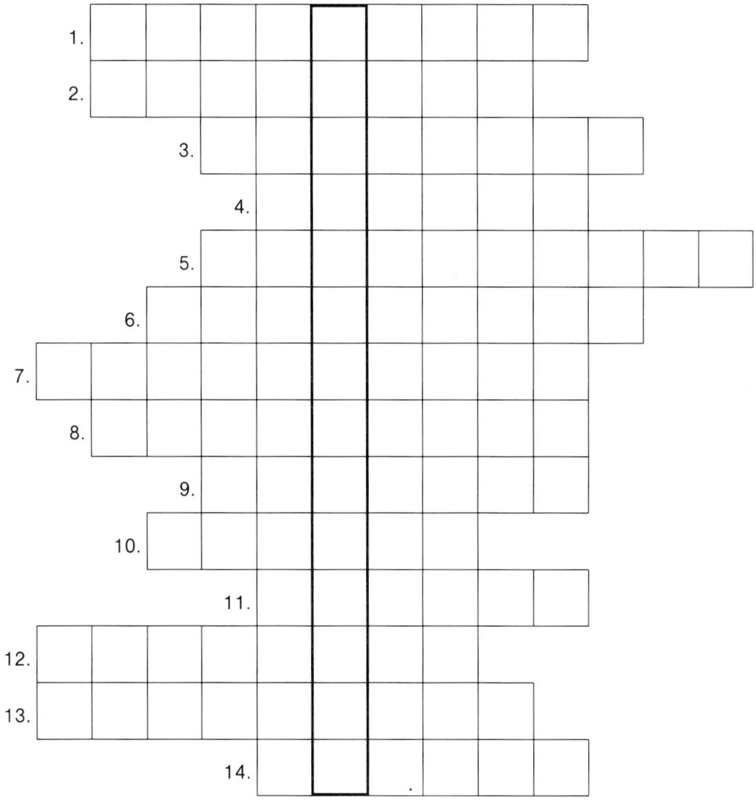

Rätsel

1. Stadt, in der Jesus starb
2. Dieses Wort heißt auf deutsch „Dienst“
3. Heimatort Jesu
4. Sie hatten in der Urgemeinde Streit
5. Dazu trafen sich die ersten Christen am Abend
6. Diese Menschen suchen bei uns eine neue Heimat
7. Sie haben es nicht leicht im Leben
8. Sie kamen zu uns als eine der ersten Gastarbeitergruppen
9. Diese Männer wurden in der Urgemeinde gewählt
10. Einer der Evangelisten
11. Ein Vorname Wicherns
12. Schimpfname für Sinti und Roma
13. Sie waren zur Zeit, als Jesus lebte, Außenseiter
14. Er war ein Jünger Jesu

Lösungswort: ______________________________ (Lösung siehe S. 34)

Lösung (für die Hand des Lehrers):

1. Jerusalem
2. Diakonie
3. Nazareth
4. Witwen
5. Agapefeier
6. Asylanten
7. Behinderte
8. Italiener
9. Diakone
10. Markus
11. Johann
12. Zigeuner
13. Samariter
14. Petrus

Lösungswort: Sozialdiakonie

6. Stunde: Diakonie heute

A. Methodisch-didaktische Vorbemerkungen

Die Hausaufgabe aus der 4. Stunde, die jetzt abgerufen wird, soll zunächst die Schüler von ihren Erlebnissen berichten lassen. Danach wird durch die Beschäftigung mit dem Informationsmaterial des Diakonischen Werkes ein genauerer Einblick in die Arbeit gegeben. Durch das Lesen der Berichte und das Betrachten der Abbildungen erfahren die Schüler, wie und wo die Diakonie am Ort und in der Landeskirche arbeitet.
Im weiteren Verlauf des Unterrichts sollen die Schüler mit Fakten, Daten und den verschiedenen Aufgabenfeldern vertraut gemacht werden.
Eine Nacharbeit des Erfahrenen bietet die Aufgabe in bezug auf den 20,– DM Schein: Die Schüler sollen auswerten, verarbeiten, das Besprochene überdenken und dann die Entscheidung fällen, wem sie ihr Geld geben wollen.
Die Collage als Hausarbeit ist Nacharbeit in kreativer und konkreter Form.

B. Ziele der Stunde

Am Schluß dieser Stunde sollen die Schüler wissen, daß
- die diakonische Arbeit der evangelischen Kirche im sogenannten „Diakonischen Werk der EKD“ zusammengefaßt und verantwortet wird,
- das Erkennungszeichen das „Kronenkreuz“, das Motto „einer trage des anderen Last“ ist.

Außerdem sollen sie die verschiedenartigen Aufgabenfelder innerhalb der Diakonie kennengelernt haben und durch eigenes Nachdenken und Nacharbeiten diakonische Arbeit im Sinne Jesu nachvollziehen können.

C. Stundenverlauf

Zu Beginn von **Phase 1** erzählen die Schüler von dem, was sie über das diakonische Wirken in ihrer Gemeinde oder Umgebung erfahren und erlebt haben. Im Anschluß daran sollen sie weitere Aufgabenfelder innerhalb der Diakonie kennenlernen, indem sie in Stillarbeit das Material durchlesen, das sie selber – aber sicherlich vor allem der Lehrer – besorgt haben. Sie sollten hierfür einige Minuten der Ruhe haben.

In **Phase 2** geht es um das Kennenlernen von Fakten.
Im ersten Teil wird das Kennzeichen des Diakonischen Werkes, das Kronenkreuz, erarbeitet.
Man sollte als Hintergrund wissen, daß das heutige „Diakonische Werk der

EKD“ 1957 aus der Vereinigung von „Innerer Mission“ und „Evangelischem Hilfswerk“ entstanden ist.
Das „Diakonische Werk“ hat seinen Hauptsitz in Stuttgart in der Stafflenbergstraße. Jede Landeskirche hat eigene Geschäftsstellen und Landesausschüsse, von denen aus die sie betreffenden Angelegenheiten erledigt werden.
An der Spitze des „Diakonischen Werkes der EKD“ steht ein Präsident.

Im Symbol des Kronenkreuzes, das auf jedem Informationsmaterial zu sehen ist, werden die Schüler schnell Krone und Kreuz entdecken. Die Bedeutung dieses Kennzeichens sollte im Gespräch erarbeitet werden, wobei der Lehrer immer wieder Denkanstöße geben wird.
Das Motto der Diakonie stammt aus Galater 6/2.
Paulus bittet am Ende seines Schreibens an die Galater, diejenigen, die vom rechten Weg abgekommen sind, mit Sanftmut zurechtzuweisen und niemals zu vergessen, daß jeder Christ fehlerhaft sein kann. Das gegenseitige Ertragen mit allen seinen Fehlern und Schwächen innerhalb der christlichen Gemeinde ist Kennzeichen des Miteinanders im Sinne Jesu, schließt aber das Wissen der eigenen Fehlerhaftigkeit mit ein.
Paulus schrieb den Galaterbrief vermutlich aus Ephesus zwischen 52 und 55 n. Chr. Die Mahnung, einander Lasten zu tragen und abzunehmen, finden wir im dritten Hauptteil des Briefes, in dem es vor allem um das ethische Verhalten der galatischen Gemeinde geht.
Im Gespräch sollten die Schüler erarbeiten, was es bedeutet, Lasten tragen zu müssen, davon „entlastet“ zu werden und Hilfe zu erhalten.
Ein Hinweis auf das Leben und Wirken Jesu sollte diesen Schritt abschließen.
Im dritten Teil dieser Phase geht es um das Kennenlernen der verschiedenartigen Aufgabenfelder innerhalb der Diakonie (Mat. 9).
Geordnet sind die „Aufgabenfelder der Diakonie“ unter folgenden Gesichtspunkten:
- Einrichtungen der Jugendhilfe (1–5),
- Einrichtungen der Behindertenhilfe (6–13),
- Einrichtungen der Gefährdetenhilfe (14–20),
- Kur- und Erholungseinrichtungen (21–26),
- Krankenhilfe (27/28),
- Einrichtungen der Altenhilfe (29/30),
- Beratungsstellen (31–37),
- anderes (38–47).

Zunächst sollte der Lehrer auf die Fragen der Schüler eingehen und Erklärungen anbieten. Erst danach ist es sinnvoll, nach jenen Begriffen zu fragen, die den Schülern vermutlich unbekannt und fremd sind. Dieser Teil des Unterrichts sollte nur gesprächsweise durchgeführt werden.
In der **Schlußphase 3** soll das Besprochene und Gelernte noch einmal überdacht werden. Jeder Schüler überlegt für sich, welchen Bereich der Diakonie er selber gerne mit seinem Geld unterstützen und fördern möchte. Jeder für sich gibt danach seine Begründung auf der Rückseite des Scheines ab, den der Lehrer für die Schüler kopiert hat (siehe S. 36).
Die **Hausaufgabe** erfordert genügend Material, so daß die Schüler zu Hause auf einem DIN-A4-Blatt – manche werden auch mehrere Blätter füllen – für ihren Ordner eine Collage erstellen können.
Denkbar ist auch eine Gruppenarbeit im Unterricht. Dafür muß der Lehrer entsprechendes Arbeitsmaterial (großes Papier, Kleber, Schere, dicke Filzstifte u. a.) mitbringen, bzw. diese Arbeit mit entsprechender Aufgabenverteilung mit den Schülern vorbesprochen haben.

Mat. F

Eine solche Gemeinschaftsarbeit vergegenwärtigt für eine Weile im Klassenzimmer die Arbeit des Religionsunterrichts und regt u. U. auch andere Kollegen zu einem Gespräch mit der Klasse über das Behandelte an.

7. Stunde: Behinderte – Menschen wie Du und ich

A. Methodisch-didaktische Vorbemerkungen

Mit dieser 7. Stunde beginnt die Sensibilisierung für die Belange und für die Welt der Behinderten.
Diese Stunde soll die Schüler behutsam an das Thema heranführen und von vornherein Vorurteile, Fehlmeinungen und Ängste abbauen. Es geht daneben auch um erste allgemeine Informationen über Behinderte und Behinderungen.
Der Vergleich der eigenen und der fremden Wünsche dient als Einstieg in diese sicherlich nicht einfache Thematik, die Betrachtung behinderter Menschen auf der Collage „Jeder ist ein Teil des Ganzen" als erste Zusammenfassung und Überblick.

B. Ziele der Stunde

Am Ende der Stunde sollen die Schüler
- erkannt haben, daß auch Behinderte als Teil der Gemeinschaft anerkannt werden möchten,
- über die verschiedenartigen Behinderungen eine erste Information erhalten haben,
- Zahlen, Fakten, Ursachen und Formen der Behinderung kennengelernt haben,
- im Behinderten den Mitmenschen, einen „Teil des Ganzen" erkennen.

C. Stundenverlauf

Schüler dieser Altersstufe haben in der Regel wenig oder gar keinen Kontakt zu behinderten Menschen und wissen kaum etwas von ihnen. Die **Phase 1** soll deshalb zum Verständnis für Behinderte hinführen, soll nachempfinden lassen, was dieser gelähmte Junge denkt, fühlt, wünscht. Die

eigenen Wünsche, die in Stillarbeit notiert werden, werden sehr unterschiedlich sein. Sie sind abhängig von den Interessen, der geistigen Entwicklung, der Familiensituation, der wirtschaftlichen Lage und auch von dem sozialen Empfinden.
Das Unterrichtsgespräch sollte gezielt auf jene Wünsche gerichtet sein, die immateriell sind, die „man nicht kaufen kann".
Danach folgt der Vergleich mit den Wünschen des Jungen. Bei dem Jugendlichen handelt es sich um einen Spastiker, der sein Gebet für einen Gottesdienst in mühsamer Arbeit auf seiner Schreibmaschine selber getippt hat (Mat. 10) und das seine Freunde vorlasen, da er selber nicht sprechen kann.
Die Unterschiede und die Eigenart der Wünsche werden vermutlich das Staunen und Fragen der Klasse hervorrufen und sollten im Gespräch bearbeitet werden. Der Hefteintrag beendet diese Phase.

Die **Phase 2** führt die Schüler zunächst wieder gesprächsweise zu genauerer Kenntnis in bezug auf Behinderte. Falls in der Klasse Schüler mit einer „echten" Behinderung sind, muß der Lehrer hier sehr behutsam vorgehen, um nicht zu verletzen und schon vorhandene Vorurteile der Klassenkameraden aufarbeiten.
Das Festhalten des Besprochenen im Heft oder Ordner ist ein wichtiger Bestandteil dieser Einheit.

Die Information über Behinderte und Behinderungen in **Phase 3** wird der Kollege durch Auswahl des im Stundenblatt Angebotenen geben.
Zur eigenen Information über Daten, Zahlen und Fakten sei auf den „Jahresspiegel" verwiesen, der jährlich von der Bundesarbeitsgemeinschaft „Hilfe für Behinderte" herausgegeben wird (siehe auch die kommentierte Bibliographie!).

- Die größte Gruppe – sofern man sie zu den Behinderten zählt – bilden die Allergiker und Asthmatiker mit etwa 25 Millionen Kranken, 10–20% sind Kinder.
- Man rechnet mit 270000 lernbehinderten Kindern und Jugendlichen, pro Jahr kommen etwa 4000 geistig behinderte Kinder dazu.
- Es gibt in der Bundesrepublik etwa 75000 Blinde, wobei 72% älter als 65 Jahre sind.
- 500000 Menschen sind Stotterer.
- 600000 leiden an Epilepsie.
- 60000 bis 100000 sind an Multipler Sklerose erkrankt, Frauen sind besonders betroffen.
- Unter Rheuma leiden schätzungsweise 2 bis 3 Millionen Menschen in der Bundesrepublik.
- 250000 Menschen in der Bundesrepublik sind in psychiatrischen Kliniken.
- Von der Darmkrankheit Morbus Crohn sind 250000 Menschen betroffen.
- Man rechnet mit 100000 Stomaträgern.

8. Stunde: Umgang mit Behinderten

A. Methodisch-didaktische Vorbemerkungen

Die Kurzgeschichte soll zu einem besseren Verständnis für eine Gruppe der Behinderten führen, den Spastikern.
Die Zuhörer werden sich mit den „normalen" Schülern identifizieren, aber auch mit Martin und seinem behinderten Bruder Daniel mitfühlen.
Auch hier zeigt es sich, daß gerade die Konkretisierung eines Problems durch eine Einzelperson ein viel intensiveres Verständnis bei Nichtbetroffenen bewirkt als allgemeine Fakten. Die Kurzgeschichte leistet hier einen wichtigen Beitrag.

Das Erstellen von Regeln für den Umgang mit Behinderten sollte nicht nur das Ziel einer Einzelstunde sein, sondern hat einen wichtigen Platz im Gesamtkonzept des Religionsunterrichts als tätige Nächstenliebe im Sinne Jesu Christi.
Eine Information über die Spastiker schließt diese kurze, aber konzentrierte Einheit ab.

B. Ziele der Stunde

Die Schüler sollen
- sich durch die Identifikation mit einem Menschen, der spastisch behindert ist, ansatzweise in seine Situation und die seiner Angehörigen hineinversetzen;
- durch eigenes Überlegen zu Verhaltensregeln für ihren Umgang mit Behinderten kommen;
- genauere Informationen über die Spastiker erhalten.

C. Stundenverlauf

In Phase 1 liest der Lehrer die Kurzgeschichte „Der Streit um den Rollstuhlschieber" (Mat. G) vor. Das Interesse an der Handlung, die spannend erzählt ist, wird die Aufmerksamkeit der Schüler wecken und rasch zu einem intensiven Gespräch führen. Der Lehrer wird durch gezielte Fragen das Gespräch voranführen. Am Ende werden Vorschläge gemacht,

Mat. G

Der Streit um den Rollstuhlschieber

Martin schlägt so schnell und ohne Warnung zu, daß der lange Theo fast umkippt. In der nächsten Sekunde fährt ihm der Schreck durch die Glieder.
„Jetzt macht der Theo Mus aus mir!" blitzt es ihm durch den Kopf. Aber dann schwemmt die heiße Wut jeden Gedanken fort. Martin wirft sich mit voller Wucht auf den langen Theo und schreit:
„Du gemeiner Hund! Du gemeiner –"
Da liegen sie schon auf dem Boden – Sand scheuert in ihren Gesichtern. Martin krallt sich in den Haaren von Theo fest – der klemmt ihm die Luft ab – Geschrei ringsum – „Los, zeig's dem Bubi! Gib es ihm! – Rollstuhlschieber!"
Das grausame Wort reißt Martin wieder hoch. Er tritt um sich. Der lange Theo heult wie ein Präriehund.
„Warte, du kleiner, dreckiger Affe!"
Und wirft sich auf Martin. Jetzt ist es aus, denkt der – kriegt gerade noch ein Stück nackten Arn zu fassen und beißt sich verzweifelt fest. Da, ein Schrei!
„Achtung! Feuerwehr! Brandgefahr!"
Irgendwas reißt sie auseinander. Martin kommt halb hoch – auch das noch – Lehrer Brand!
„Was ist denn hier los? Wollt ihr euch die Köpfe einschlagen?"
Der Ton bedeutet Alarmstufe eins. Aber Martin hört kaum hin. Wo ist denn Daniel? Wo ist – – ah, der Rollstuhl steht ein Stück weiter oben neben dem Auto von Herrn Brand. Daniel wirft die Arme in die Luft und schneidet schlimme Grimassen.
Ich Esel, denkt Martin, jetzt regt Daniel sich schrecklich auf, und ich bilde mir ein, ich tue was für ihn, wenn ich mich schlage. Ich muß zu ihm – schnell, aber da hat Herr Brand schon beide am Kragen – den langen Theo, dem der Sand aus den Haaren rieselt, und den staubigen Martin. Und die anderen stehen alle drumherum.
Hatte wohl keiner Zeit abzuhauen, überlegt Martin. Er kann noch nicht wieder klar denken. Doch, da liegt der Fußball auf der verlassenen Sportwiese.
Sieht fast ein bißchen bösartig aus – schwarz und weiß zwischen vertrockneten Grasbü-

wie der Lehrer Brand die Situation auf dem Fußballfeld auffangen könnte und die Klasse zu einem besseren Verständnis für Martin und seinen Bruder bringen könnte, damit eine Gemeinschaft zwischen beiden Seiten möglich wird.
Denkbar ist auch ein kurzes Rollenspiel von einigen Schülern, die eine Konfliktlösung anbieten und vorspielen.

In **Phase 2** wird in Gruppen zu je 4 oder 5 Schülern überlegt und erarbeitet, wie man richtig und angemessen mit Behinderten umgeht.
Der Lehrer könnte als Denkanstoß noch einmal an das Gebet des gelähmten Jungen und an seine Wünsche erinnern. Unter Umständen muß der Kollege die einzelnen Gruppen unterstützen, indem er Hinweise und Hilfen für die Erarbeitung der Regeln in Einzelgesprächen gibt.
Die Vorschläge der einzelnen Gruppen werden nach 5 bis 7 Minuten der Arbeit vorgelesen, die besten an der Tafel festgehalten und zum Schluß ins Heft übernommen.
Die so festgehaltenen Regeln werden als Hausaufgabe gestellt und in der folgenden Stunde abgefragt.

Die Information über die Spastiker schließt mit der **Phase 3** diese Stunde ab. Zerebrale Bewegungsstörungen entstehen durch Defekte, Verletzungen oder Erkrankungen des im Schädel befindlichen Nervengewebes. Die Schädigung entsteht

---

scheln. Plötzlich merkt man wieder, wie schwül der Tag ist. Die Nachmittagssonne sticht wie mit heißen Nadeln.
„Jetzt mal raus mit der Sprache – was war hier los?"
„Er hat den Rollstuhl mit dem kleinen Idioten da an den Rand vom Platz gestellt – er wollte nur mal zusehen", der lange Theo durchkämmt mit allen zehn Fingern seine aus den Fugen geratene Mähne. Er schnauft, weil er außer Atem ist und weil er sich langsam in gerechte Empörung hineinredet.
„Jawohl", kommt ihm da Alex aus dem Kreis der andern zu Hilfe, „eine Unverschämtheit ist das! Wir üben für das Rückspiel gegen die Cornelius-Schule, da steht der daneben und macht seine Faxen. Dabei kann sich doch kein Mensch auf den Ball konzentrieren, Herr Brand. So einer gehört in eine Anstalt und nicht auf unseren Spielplatz!"
„Und als ich ihm sage, er soll mit dem kleinen Idioten wieder abschieben, da haut er mir einfach ins Gesicht, Herr Brand. Das kann ich mir doch nicht gefallen lassen, wegen so einem ..."
„Er ist kein Idiot!" schreit Martin. „Aber ihr seid zu blöde, um das zu begreifen".
Auf einmal fühlt er sich nur noch zerschlagen und todtraurig. Er will nach Hause mit Daniel. Es hat alles keinen Zweck.
„Ihr kommt euch wohl sehr großartig vor?" Herr Brand hat plötzlich eine messerscharfe Stimme.
„Nur weil einer nicht laufen kann wie ihr, habt ihr nicht das Recht, ihn zu verjagen! Und dir, Martin, fällt nichts besseres ein, als deinen Bruder mit den Fäusten zu verteidigen? Glaubst du, daß deine Kameraden ihn nach einer Tracht Prügel besser verstehen werden? Übrigens wäre der Rollstuhl umgekippt, wenn ich nicht zufällig dazugekommen wäre; und ihr habt das nicht einmal gemerkt bei eurer sinnlosen Rauferei."
Lehrer Brand läßt die beiden los:
„Glaubt ja nicht, daß der Fall damit erledigt ist – wir sprechen uns noch, morgen!"
Er dreht sich um, geht ein paar Schritte zum Auto und bleibt noch eine kleine Weile bei Daniel stehen. Dann fährt er los. Eine Staubwolke bleibt hinter ihm zurück ...

Marie Luise Elling, Der Streit um den Rollstuhlschieber, aus: Vorlesebuch Religion 2, Ernst Kaufmann Verlag, Lahr
(Text leicht gekürzt)

meistens zur Zeit der Geburt, jedoch auch schon während der Schwangerschaft. 50% dieser an abnormen Veränderungen des Bewegungsablaufs leidenden Menschen sind Spastiker. Durch gestörte Gehirnzonen werden Impulse, Reize und das Zusammenziehen der Muskeln nicht kontrolliert bzw. unterdrückt. Dadurch werden die Muskeln verkrampft oder verspannt.
Ansatzweise kann eine Therapie Erfolge bringen, wenn eine systematische Heilgymnastik von Anfang an betrieben wird. Es ist wichtig darauf hinzuweisen, daß es sich in den meisten Fällen um eine körperliche, nicht um eine geistige Behinderung handelt!

9. Stunde: Wir lernen eine Gruppe von Behinderten kennen: Die Spastiker

A. Methodisch-didaktische Vorbemerkungen

Der Film „Nicht mehr versteckt" mutet 13- bis 15jährigen jungen Menschen viel zu! Er zeigt lange Szenen mit den Gesichtern von Behinderten, die beim ersten Hinsehen abstoßend und teilweise ekelerregend sein könnten. Man muß die Schüler darauf hinweisen, daß dieser Film von ihnen Geduld erfordert, damit sie sich in diese behinderten jungen Menschen hineinversetzen können.
Es ist wünschenswert, daß die Kollegen sich diesen Film vorher bereits angesehen haben, um Hinweise geben und die Schüler auf das vorbereiten zu können, was sie sehen werden.
Am Ende des Films werden die Schüler zwar betroffen, aber sicherlich nicht abgestoßen und entsetzt sein.
Die Nachbesprechung muß mit Geschick und Gespür für die Gefühle junger Menschen dieser Altersstufe geführt werden.
Die Nacharbeit anhand der Arbeitsblätter geschieht als Einzel- oder Partnerarbeit und führt zur Ruhe und zum Bedenken des Gesehenen.
Die Zeitungsmeldung am Schluß der Stunde führt weg von dem persönlichen Betroffensein hin zu der allgemeinen Meinung und Stellungnahme innerhalb der Bevölkerung. Die Schüler werden ihr Staunen und Unverständnis über die gemeldeten Zahlen artikulieren.
Mit dem Stichwort „Euthanasie" wird die daran anschließende Einheit „Behinderte in dunkler Zeit" vorbereitet.

B. Ziele der Stunde

Die Schüler sollen
- nicht nur von spastisch behinderten Menschen hören, sondern durch das Ansehen des Films in deren Leben mit hineingenommen werden,
- ihre Gefühle, Gedanken und Ängste in bezug auf Behinderte artikulieren,
- über Meinungen, Ängste und Vorstellungen in der bundesdeutschen Bevölkerung gegenüber Behinderten Bescheid wissen.

C. Stundenverlauf

Nach einer kurzen Einführung durch den Lehrer wird der Film „Nicht mehr versteckt" in **Phase 1** angesehen. Der Kollege sollte darauf achten, daß während der Vorführung Ruhe herrscht und Kommentare unterlassen werden.

Die **2. Phase** dient zunächst dazu, die Gefühle, Empfindungen, eventuell auch den anfänglichen Ekel und die Abwehrreak-

tionen der Schüler zum Ausdruck zu bringen und zu verarbeiten. Hier ist Fingerspitzengefühl erforderlich, damit das Gesehene angemessen verarbeitet und bewertet werden kann. Anschließend werden Fragen, die der Film aufwarf und noch offen ließ, besprochen und geklärt. Die Arbeit an den Arbeitsblättern (Mat. H, siehe S. 42/43), die der Kollege in ausreichender Anzahl kopiert für die Schüler mitbringt, soll helfen, das Gesehene noch einmal zu überdenken.
Der Ergebnisvergleich muß u.U. in der folgenden Stunde erfolgen, nachdem die Schüler die Blätter zu Hause ausgefüllt haben.

Das abschließende Klassengespräch in **Phase 3** über die Zeitungsmeldung (Mat. 12) sollte zunächst gezielt vom Lehrer geführt, dann aber das Erstaunen und Nicht-für-wahr-Halten des Gelesenen von seiten der Schüler aufgegriffen werden.
Phase 3 ist eine wichtige Überleitung zu den folgenden Stunden über die Behinderten im Dritten Reich und sollte deshalb nicht ausgelassen werden!

10. und 11. Stunde: Behinderte in dunkler Zeit

A. Methodisch-didaktische Vorbemerkungen

Diese Doppelstunde wird ein harter Brocken für die Schüler sein! Es handelt sich sicherlich um den schwersten Stoff der gesamten Einheit. Falls die Kollegen den Schülern dies nicht zumuten wollen, könnte man nach einer kurzen Information, die aber nicht fehlen dürfte, zur 12. Stunde übergehen.
Viele Schüler können sich das, was im Dritten Reich mit den Behinderten geschah, nicht vorstellen oder werden es nicht glauben. Da diese Thematik wohl fast allen Schülern nicht bekannt sein dürfte, wird der Lehrer die Informationen geben müssen.
Der Verlauf dieser Doppelstunde führt über die „Rechenaufgabe im Dritten Reich“ und die dahinterstehende Absicht der Verführung bereits junger Menschen über den „Bericht von Willi, dem behinderten Jungen und seinem Ende“ zu einem Gespräch über die „Aufgabe der Busse“ und dem dazugehörenden Schreiben. Den Abschluß bildet der heuchlerische Brief an die Eltern eines behinderten Mädchens. Es ist unerläßlich, die schwere Thematik zu verarbeiten und zu verkraften. Es wird eine Gruppenarbeit angeboten, die das Gespräch untereinander anregt und zur gemeinsamen Erstellung eines Leserbriefes führen soll.

B. Ziele der Stunde

Die Schüler sollen
- erfahren, was behinderte Menschen in der Zeit zwischen 1933 und 1945 haben erleiden müssen,
- den Begriff „Euthanasie“ kennen und beschreiben können,
- davon informiert sein, wie die Menschen damals – auch schon Schüler im Unterricht – auf den Gedanken, daß Behinderte „unnütze Esser“ und „lebensunwertes Leben“ seien, vorbereitet wurden,
- die verschiedenen Vorgänge der Mordaktionen und entsprechende Zahlen kennenlernen,
- in einer Gruppenarbeit Aspekte und Gedanken erarbeiten, wie man sich heute angesichts des Geschehens im Dritten Reich Behinderten gegenüber verhalten und artikulieren muß.

Arbeitsblatt

Bitte beantworte die Fragen ganz ehrlich!

„Nicht mehr versteckt“ – Gedanken zum Film

1. Was ist ein Spastiker? ______________________

2. Was ist er nicht?

   a. ______________________

   b. ______________________

   c. ______________________

3. Welche Zahlen nennt der Film über den Anteil spastisch geborener Kinder? ______________________

   ____

4. Welchen 4 Vorurteilen sind sie häufig ausgesetzt?

   a. ______________________

   b. ______________________

   c. ______________________

   d. ______________________

5. Welche Reaktionen der Eltern werden genannt?

a. ______________________________

b. ______________________________

6. Was sagt der Film über die Geschwister der Spastiker? ______________________________

7. Wie beschreibt am Ende des Films Ruth ihre Freundschaft mit ihrem behinderten Freund? ______________________________

____

8. Könntest Du Dir vorstellen, daß Christel in einem Kindergarten arbeitet? ______________________________

9. Welche Rolle spielt die Musik im Leben eines Spastikers? ______________________________

10. Was müssen wir im Umgang mit Spastikern lernen? ______________________________

11. Wie können wir ihnen helfen? ______________________________

____

12. Welche Gefühle hattest Du, als die Kamera das Gesicht der Schachspielerin Barbara so lange zeigte?

____

13. Könntest Du Dir vorstellen, auch an einer Freizeit mit Behinderten, besonders mit Spastikern, teilzunehmen?

____

C. Stundenverlauf

Den Schülern ist das Wort „Euthanasie“ durch das Gespräch in Phase 3 der 9. Stunde bekannt. Der Lehrer wird die Bedeutung dieses Begriffes weiter erklären und den Wandel des Verständnisses im Laufe der Geschichte bis hin zum Dritten Reich zeigen.
Diese **Phase 1** endet mit einem knappen Hefteintrag.

Die „Rechenaufgabe im Dritten Reich“ (Mat. 13), die die **Phase 2** einleitet, läßt zunächst wenig von der perfiden Absicht ahnen, die hinter der Aufgabenstellung steckt. Der Lehrer muß die Klasse im Gespräch über die Aufgabe gezielt leiten, damit die Absicht erkannt wird, die zur Formulierung einer solchen Aufgabe führte. Falls die Schüler die Schrift der Aufgabe nicht lesen können, muß der Lehrer sie vorlesen! Der Bericht über Willi, den behinderten Jungen (Mat. 14), zeigt schon deutlicher, worum es eigentlich ging und wie man vorging: Behinderte waren „lebensunwert“ und „unnütze Esser“ und wurden ermordet, ohne daß die Tötung als solche erkannt werden durfte.
Die Abbildung der Busse und der Wortlaut des Schreibens des Württembergischen Innenministeriums (Mat. 15) sollen deutlich machen, wie diese Vernichtungsaktionen vor sich gingen:
Am Anfang der „Euthanasie“-Aktionen standen Zwangssterilisationen an Behinderten, es folgte die Tötung behinderter Kinder in Krankenhäusern (vor allem durch Luminal in Überdosis), was man dann „Einschläfern“ nannte. Darauf folgte die Ermordung behinderter Erwachsener durch Kohlenmonoxid in eigens dafür gebauten und vorgesehenen Anstalten, sowie die Tötung von behinderten Häftlingen, vornehmlich Juden, in den Konzentrations- und Vernichtungslagern.
Die Ausweitung des „Euthanasie“-Programmes auf Erwachsene war das sogenannte „T-4-Programm“. Der Deckname T-4 wurde in bezug auf die Reichsarbeitsgemeinschaft Heil- und Pflegeanstalten gebildet, die ihren Sitz in Berlin in der Tiergartenstraße 4 hatte.
Der Lehrer wird den Schülern von dem Befehl des Reichsinnenministeriums erzählen, Meldebögen auszufüllen und Listen von allen Behinderten in Anstalten erstellen zu lassen. Auch über die Zusammenfassung der Behinderten in besonderen Anstalten je nach Art der Behinderung und der gezielten Tötung, die von Ärzten vorgenommen wurde durch Gas, Spritzen oder durch bewußtes Herbeiführen von Erkrankungen oder Verhungern sowie durch Unterlassung ärztlicher oder medikamentöser Hilfe bei bedrohlichen Krankheiten soll informiert werden.
In der Regel waren die Patienten, die in die besonderen Anstalten eingeliefert wurden, nach 24 Stunden nicht mehr am Leben!
Das Vorlesen des Briefes an die Angehörigen der behinderten Helene, die in einer solchen Anstalt „starb“, schließt diese Phase ab (Mat. I, siehe Seite 45).
Ein Klassengespräch, das sich an diese Informationen anschließt, soll das Gehörte aufgreifen und eventuell noch vorhandene Fragen und Zweifel klären.

Die **3. Phase** dient der Zusammenfassung und schriftlichen Fixierung. Neben der Information über das „Euthanasie“-Programm muß auf die Rolle der beiden großen Kirchen in Deutschland hingewiesen werden. Sie hatten einen wesentlichen Anteil daran, daß diese Tötungsaktionen ab 1941 eingedämmt wurden. Obwohl häufig noch anders berichtet, wurden diese Aktionen bis zum Kriegsende nicht vollständig eingestellt!
Die Zahl von etwa 250000 Menschen, die

Mat. I

Aus einem Brief der Mörder

Landespflegeanstalt Grafeneck	Münsingen, 4. Oktober 1940 Schließfach 17

Zeichen: A 92/19 Bi

Herrn
Josef Gotthard, Weissgerber
Esslingen
Landolinsteige

Sehr geehrter Herr Gotthard!

Es tut uns aufrichtig leid, Ihnen mitteilen zu müssen, daß Ihre Tochter Helene Gotthard am 3. Oktober 1940 in unserer Anstalt plötzlich an einer Wundinfektion mit anschließender Blutvergiftung gestorben ist. Ihre Tochter wurde am 18. September 40 auf ministerielle Anordnung gemäß Weisung des Rechtsverteidigungskommissars in die hiesige Anstalt verlegt. Bei ihrer schweren Erkrankung bedeutete für die Verstorbene das Leben eine Qual, so müssen Sie ihren Tod als Erlösung auffassen. Da in der hiesigen Anstalt z. Z. Seuchengefahr herrscht, ordnete die Polizeibehörde die sofortige Einäscherung des Leichnams an. Wir bitten um Mitteilung, an welchen Friedhof wir die Übersendung der Urne der Heimgegangenen durch die Polizeibehörde veranlassen sollen ...
Heil Hitler!

aus: Behindertenkalender 1985
Fischer TB Frankfurt/M. S. 146

durch das „Euthanasie"-Programm getötet wurden, geht auf eine Information von Ernst Klee zurück, der wohl zur Zeit einer der besten Kenner dieser Materie ist.
Es scheint unbedingt erforderlich, diese schwere Thematik, die viele Schüler sicherlich stark belasten und beeindrucken wird, durch eine Nacharbeit aufzuarbeiten.
Die Schüler haben in Gruppen die Aufgabe, wegen der Bemerkung eines älteren Mannes auf einem Spielplatz einen Leserbrief über Behinderte zu schreiben.
Zunächst soll das Geäußerte besprochen und die Meinung des Mannes beleuchtet werden. Viele Schüler werden sich abfällig über den Mann äußern und seine Bemerkung verdammen, zumal eine solche Äußerung dem Gerechtigkeitsempfinden dieser Altersstufe sehr entgegenläuft! Die entstandenen Leserbriefe sollten am Schluß – unter Umständen erst zu Beginn der nächsten Stunde – vorgelesen werden. Besonders gelungene Antworten könnten kopiert werden, so daß die Schüler diese aufbewahren und in ihrem Heft oder Ordner abheften können.

12. und 13. Stunde: Das Spiel Fürsteneck

A. Methodisch-didaktische Vorbemerkungen

Das „Spiel Fürsteneck" bildet einen Abschluß der in den vorhergegangenen Stunden behandelten Thematik „Behinderte". Ein Hinweis sei eingeschoben: Die Stundenblätter sollen Arbeitshilfen für die Kollegen sein, die die eigene Gestaltung aber auf keinen Fall einengen und beschränken dürfen! Gerade bei dieser Doppelstunde, die sehr stark von den eingebrachten spielerischen Elementen lebt, sollte sich der Kollege von eigenen Ideen und Gedanken beflügeln lassen!
Wichtig wird es sein, die Informationen zu Beginn möglichst knapp zu fassen, so

daß viel Raum und Zeit für die einzelnen Spielrunden bleibt. In einer Bürgerversammlung dürfen alle erwachsenen Mitglieder einer Kommune mitreden, Anregungen geben und ihre Vorschläge vortragen. Die endgültige Entscheidung über einen Antrag fällt in der Realität jedoch der Gemeinde- bzw. der Stadtrat.
Fürsteneck stelle man sich als ein durch Neubürger gewachsenes Dorf mit altem Stadtkern vor, das dabei ist, sich zu einem Luftkurort zu entwickeln.
Die Schüler werden bei diesem „Spiel“ erfahrungsgemäß mit viel Leidenschaft und Begeisterung mitmachen. Es wird sicherlich Enttäuschung hervorrufen, wenn diese erste Spielrunde durch das Pausenzeichen abrupt beendet wird.
Die ersten zwei Phasen werden vermutlich in der ersten Stunde bewältigt werden. Es ist gut, wenn der Lehrer in der darauffolgenden Stunde das überarbeitete pro- und contra-Protokoll den Schülern zur Wiederholung austeilt.
Ideal ist es, ein qualifiziertes Elternteil zu haben, das in der zweiten Gesprächsrunde die Rolle des Arztes Dr. Heuerle übernimmt. Abgeschlossen wird mit der Zeitungsmeldung über die „echten“ Vorgänge in Fürsteneck, die die Schüler sicherlich sehr betroffen machen wird. Es wäre ein guter Abschluß, wenn die Schüler einen Brief an den Bürgermeister von Fürsteneck entwerfen würden. Vermutlich sind die meisten von ihnen so motiviert, daß diese Hausaufgabe gerne erledigt wird. Man kann aber auch daran denken, diesen Brief von einigen Schülern in freiwilliger Arbeit schreiben zu lassen.

B. Ziele der Stunde

- Die Schüler werden durch das „Spiel“ ein Stück Realität erleben: Eine Bürgerversammlung mit dem vorgegebenen Thema ist erlebte Demokratie im kleinen.
- Im „Spiel“ soll noch einmal das bedacht und verantwortet werden, was die Schüler in einer Reihe von Unterrichtsstunden beschäftigt hat.
- Das Problem „Behinderte am Urlaubsort“ soll bedacht und diskutiert werden.
- Die Schüler sollen sich klarmachen, was Behinderte am Urlaubsort u.U. erwartet.
- Die Schüler sollen sich ihre eigene Meinung darüber bilden, ob sie selber ihre Ferien dort verbringen möchten, wo auch Behinderte Urlaub machen oder leben.

C. Stundenverlauf

Die **Phase 1** dient mit dem Vorlesen und Besprechen des (fiktiven) Briefes von Dr. Heuerle (Mat. 17) und dem Aufhängen und Betrachten des (fiktiven) Stadtplanes (Mat. 16) der Spielvorbereitung. Der Lehrer sollte in Anbetracht der Zeit, die das Spiel erfordert, kurz und gezielt fragen und informieren und die Spielvorbereitungen treffen. Die einzelnen Personen der Bürgerversammlung werden zunächst erfragt und an der Tafel notiert, später ins Heft übernommen. Die Rollenverteilung erfordert vermutlich Geschick – vielleicht auch eine gewisse Manipulation – vom Lehrer, damit das Spiel selber gelingt und Freude macht.
In der ersten Spielphase **(Phase 2)** ist es wichtig, daß der „Bürgermeister“ die Versammlung straff und diszipliniert leitet, er trägt wesentlichen Anteil am guten Gelingen des „Spiels“. Hier ist eine geschickte Auswahl oder ein kluger Vorschlag vom Kollegen nötig.
Vermutlich wird der Pausengong diese erste Spielrunde zu schnell beenden!
Es ist für den weiteren zügigen Unter-

richtsverlauf wichtig, daß der Lehrer die Pro- und Contra-Protokolle (Mat. K) aus Phase 2 überarbeitet, kopiert und noch einmal von den Protokollanten vortragen läßt.

Mat. K

Protokoll der **1. Bürgerversammlung in Fürsteneck** Meinungen und Gedanken *pro:*   *contra:*

Die zweite Spielrunde (**Phase 3**) könnte u. U. ausgelassen werden, wenn die Zeit und die Klassensituation es für sinnvoll erscheinen lassen.
Im Idealfall jedoch ist ein fachlich kompetenter Elternteil bereit, in den Unterricht zu kommen und die Rolle des Arztes und Psychotherapeuten Dr. Heuerle zu übernehmen. Da man davon jedoch nur im Einzelfall ausgehen kann, wird der Lehrer diesen Part übernehmen müssen.
Diese Phase sollte nicht zu lange ausgedehnt werden (es sei denn, ein Elternteil wäre anwesend!). Die Erfahrung zeigt, daß die Freude der Schüler an der Bürgerversammlung in dieser zweiten Runde nachläßt.

Die Stellungnahme der Schüler zum Problem „Behinderte am Urlaubsort" und ihre eigene Meinung schließt in der **Phase 4** mit der Abstimmung ab. Das Ergebnis sollte zusammen mit den an der Bürgerversammlung beteiligten Personen und den Protokollen im Heft festgehalten werden. Den eigentlichen Abschluß dieser Doppelstunde bildet das Nachlesen der Zeitungsmeldung über die wirklichen Ereignisse im Dorf Fürsteneck (Mat. 18). Die Motive für die Aktionen und Meinungen der Bevölkerung lassen sich zwar im Unterricht herausarbeiten, werden aber bei den Schülern, die sich am Ende der 13. Stunde bereits sehr ausführlich mit der Thematik beschäftigt haben, auf Unverständnis und Ärger stoßen.

Die **Hausaufgabe**, einen Brief an den Bürgermeister des echten oder fiktiven Fürsteneck zu schreiben, fordert die Schüler zu einer sehr persönlichen Meinungsbildung und schriftlichen Stellungnahme heraus: „Möchte ich dort meinen Urlaub verbringen, wo auch Behinderte Ferien machen oder gar dauernd leben?"

14. Stunde: Diakonie als Nachfolge Jesu

A. Methodisch-didaktische Vorbemerkungen

Diese 14. Stunde ist eine Rückbesinnung auf jene Verhaltensweisen und Grundsätze, die sich im diakonischen Handeln der Christen widerspiegeln und die durchaus bei äußerer Betrachtung als „Sklavendienst" angesehen werden könnten! Ein einleitendes Gespräch über die Tätigkeiten im Haushalt, die von den meisten Schülern zu Hause erwartet werden, wird teilweise auf heftige Reaktionen stoßen. Viele Schüler empfinden dieses Mithelfenmüs-

sen als lästig, einige werden u. U. von elterlichem Zwang sprechen.
Dieser sicherlich heftige Erfahrungsaustausch sollte jedoch bald den Bezug zu Jesus haben: Das, was manchem so idyllisch erscheint, die Berichte der Evangelien von den Fußwaschungen Jesu, war in damaliger Zeit ein Dienst, den Sklaven zu verrichten hatten!
Das Gespräch über das Passahfest, seine Bräuche und Ursprünge sowie die Ereignisse beim Einzug Jesu in Jerusalem bis hin zu seiner Kreuzigung wird bei den Schülern Bekanntes wachrufen, von dem sie gerne selber erzählen.
Die Verbindung von Jesu Fußwaschung hin zu den eigenen Arbeiten im Haushalt, die als „Sklavenarbeiten" empfunden werden, läßt sich recht bald deutlich machen.
Die Bildbetrachtung des chinesischen Papierschnitts wird die Schüler zum Nachdenken anregen. Sie werden erkennen, daß hier unten und oben verkehrt zu sein scheinen. Petrus steht höher als Jesus, er trägt das kostbarere Gewand. Jesus kniet vor ihm. Der Kreis, den einige Schüler schon als Symbol der Vollkommenheit und Einheit kennen, schließt beide zusammen.
Die Liedkatechese nimmt die Gedanken des letzten Mahles Jesu und der Gemeinschaft mit seinen Jüngern auf. Die Schüler sollen erkennen, daß auch sie in diese Kette der Gemeinschaft mit Jesus hineingehören, daß auch ihr an Christus orientiertes Tun Erfüllung von seinem Willen ist.

B. Ziele der Stunde

Die Schüler sollen erkennen,
- daß dienendes Handeln am anderen Menschen in Christus sein Vorbild hat und Kennzeichen seiner Nachfolge ist,
- daß bei Gott andere Kriterien gelten als die, die in der Welt der Menschen wichtig zu sein scheinen: Unten und oben bekommen ein anderes Gewicht, Herr und Diener haben eine neue Wertigkeit und eine neue Würde,
- was der Inhalt und die Bedeutung des Passahfestes sind und wie das letzte Abendmahl in Jesu Leben und Lehre einzuordnen ist.

Das Lied „Das sollt ihr, Jesu Jünger, nie vergessen . . . " soll in diese Lernziele eingebaut werden, soll verstanden und von den Schülern als Hausaufgabe gelernt werden.

C. Stundenverlauf

Die **Phase 1** soll das eigentliche Thema vorbereiten. Die Schüler werden sicherlich sehr lebhaft und engagiert davon berichten, was sie zu Hause als Mithilfe im Haushalt einzubringen haben. Vor allem werden sie von dem erzählen, was sie nur ungern oder gar nicht tun.
Das Stichwort „Schuheputzen" soll bald überleiten zur Sitte des „Fußwaschens" im alten Orient.
Für gewöhnlich trug man im Orient auch zur Zeit Jesu offene Sandalen. Das Waschen der Füße war eine angenehme Linderung in der Hitze des Tages. Zugleich war dieser Brauch eine Ehre, die man dem Gast erwies. Der Herr ließ seinem Gast durch einen Sklaven die Füße mit kühlem Wasser waschen. Bisweilen wurden die Füße auch noch mit Öl gesalbt. Im Alten Testament begegnet uns der Brauch, daß sich die Priester, bevor sie den Tempel betreten, Hände und Füße waschen (vergleiche den Brauch der Waschungen im Islam!). Dies wird als ein Symbol dafür verstanden, daß die Reinigung von den Verfehlungen vor Gott und der Volksgemeinschaft vor dem Dienst im

Heiligtum zu geschehen habe (so 2. Mose 30/18ff.).

In **Phase 2** wird im Gespräch über Johannes 13 und die Ereignisse um das letzte Mahl Jesu mit seinen Jüngern dieser Gedanke weitergeführt. Die Feier des Passahfestes geht auf die Tradition des Auszuges der Kinder Israel aus Ägypten zurück (2. Mose 12 und 13). Am 14. Tag des Monats Nissan, dem ersten Monat im jüdischen Kalender, wird nach dem ersten Frühlingsvollmond dieses Fest als Erinnerung an die Befreiungstat Gottes in Israel gefeiert. Der Auszug aus Ägypten wird bis zum heutigen Tag als wichtigstes Ereignis der israelitisch-jüdischen Geschichte betrachtet.
Das Passahlamm (Passah heißt so viel wie „Vorüberschreiten" und bezieht sich auf die Tötung der Erstgeburt der Ägypter und das Verschonen der israelitischen Kinder, 2. Mose 12) wird als Symbol der Einheit des Volkes als Ganzes gebraten, zugleich wird es auch als stellvertretendes Sühnopfer verstanden. Die ungesäuerten Brote sind Zeichen der Wüstenwanderung und der Eile des Aufbruchs, die bitteren Kräuter erinnern an die Not und das Leid, das das Volk in Ägypten zu erleiden hatte.
Zur Zeit Jesu feierte man, wenn es irgend möglich war, das Passahfest in Jerusalem. Häufig trat jedoch an die Stelle des Familienverbandes die Gemeinschaft von wenigstens 10 Festpilgern, die sich in eigens dafür gemieteten Räumen zusammenfanden. Das Lamm wurde im Tempel am selben Tag ab 15 Uhr von den Priestern geschlachtet und mußte innerhalb des Stadtbezirks von Jerusalem verzehrt werden.
Das Johannesevangelium macht im Gegensatz zu den Synoptikern keine genauen Angaben, wo Jesus das Passahfest feierte; nach Joh 13/1 fand dieses Mahl „vor dem Passahfest" statt. Am Abend des Passahfestes befand sich Jesus bereits im Grab. Die Frage, ob es sich um das Passahmahl oder eine gewöhnliche Mahlzeit handelt, soll hier nicht diskutiert werden. Die Fußwaschung Jesu leitet bei Johannes den großen Komplex des Abschieds Jesu von den Seinen ein (Kapitel 13–17).
Nach dem Johannesevangelium ist Jesus mit den „Seinen" zusammen, offensichtlich ist hier der Kreis derer, die am Mahl teilnehmen, nicht nur auf die zwölf Jünger beschränkt.
Eine Diskussion über diese Einzelheiten, die in die Theologie des Johannes einzuordnen sind, und ein Vergleich mit den Synoptikern sprengt den Rahmen und die Absicht dieser Stunde. Der Lehrer sollte darauf nur Bezug nehmen, wenn Schüler ihn direkt danach fragen.
Ein kurzes Gespräch über die Person des Simon Petrus (Petrus ist Beiname und leitet sich ab von „Fels" in der griechischen Sprache bezugnehmend auf Matthäus 16/13–20) sollte auf sein aufbrausendes Temperament verweisen, seine Verleugnung Jesu nach dessen Gefangennahme und seine Rolle in der frühen Christenheit erwähnen. U. U. ist ein kurzer Bezug zum Verständnis des Papsttums in der katholischen Kirche wichtig.
Die Fußwaschung wird in der gelesenen Bibelstelle Joh 13 in zweifacher Weise gedeutet: In den Versen 4–11 wird davon gesprochen, daß Jesus eine Reinheit schenkt, die in die Gemeinschaft mit ihm und den Dienst hineinführt. Die zweite Deutung in den Versen 12–17 sagt aus, daß die Gemeinschaft, die Jesus begründet, zugleich Gemeinschaft der Jünger untereinander erschließt. Seinem Beispiel gilt es nachzufolgen.

Der dritte Teil dieser Phase nimmt das Besprochene noch einmal auf. Der Kunsterzieher He Qi hat die in China traditionelle Weise des Papierschnitts (Mat. 19)

in den Dienst der Verkündigung gestellt. Die Verhältnisse scheinen verkehrt zu sein. Jesus als Asiat dargestellt ist der Dienende. Er kniet einfach gekleidet mit gebeugtem Rücken vor Petrus und wäscht ihm, der vornehm gekleidet ist, die Füße. Der Kreis, das Symbol der Vollkommenheit, hebt die verkehrten Verhältnisse wieder auf. Herr und Knecht, Bedienter und Dienender, Meister und Jünger bilden eine Einheit, dienen einem Ziel.
Diesen Gedanken greift noch einmal das Lied auf, das im Mittelpunkt der **3. Phase** steht (Mat. L). Der Lehrer wird das Liedblatt für die Schüler kopiert zum späteren Lernen mitbringen.
Die Einheit aller Christen als Jesu Glieder – das Lied spricht in der dritten Strophe auch von der **einen** Herde und dem **einen** Hirten – wird deutlich im gemeinsamen Brot und Kelch. Die Aufgabe, die aus dieser Einheit erwächst, wird beschrieben als Sorge füreinander, als Mitleid, als Frieden und Brüderlichkeit. Wer so zu leben versucht, steht im Einklang mit Jesus und Gottes Willen. Die dritte Strophe läßt erkennen, daß diese Einheit und Liebe untereinander nicht allein durch das Bemühen der Menschen gelingen kann, sondern der Hilfe Gottes bedarf.

Die Schüler sollten dieses Lied als **Hausaufgabe** auswendig lernen. Zu Beginn der folgenden, letzten Stunde sollte es gemeinsam gesungen werden. Falls der Lehrer mit dem Singen Schwierigkeiten hat, findet er mit Sicherheit in dieser Altersstufe Schüler, die mit einem Instrument das Lied gerne und gut begleiten können.

Mat. L

Lied „Das sollt ihr, Jesu Jünger, nie vergessen ...“

Weise: Lobet den Herrn und dankt (ChB 164)/Joh. Crüger 1640 oder (bei 60): Herzliebster Jesu, was hast du (ChB 108*)

2 Wenn wir wie Brüder beieinander wohnten, Gebeugte stärkten und der Schwachen schonten, dann würden wir den letzten heilgen Willen / des Herrn erfüllen.

3 Ach, dazu müsse seine Lieb uns dringen! Du wollest, Herr, dies große Werk vollbringen, daß unter einem Hirten eine Herde / aus allen werde.

Nach Johann Andreas Cramer 1723–1788

Aus dem Evangelischen Kirchengesangbuch Lied Nr. 159 von Joh. Crüger, 1640

15. Stunde: Was können wir tun?

A. Methodisch-didaktische Vorbemerkungen

Schüler dieses Alters sind noch gerne bereit, aktiv zu helfen und sich für andere Menschen zu engagieren.
In den Überlegungen, wem und wie man helfen kann, wird sich zeigen, daß zu den „Menschen in Not" in diesem Fall wohl weniger die Behinderten zu zählen sind als jene Menschengruppen, von denen in den ersten Unterrichtsstunden der Einheit gesprochen wurde:

Asylsuchende,
Arbeitslose,
Arme,
Obdachlose,
Menschen in der Dritten Welt.

Die Schüler werden selber Vorschläge machen, was sie tun können und wie sie helfen wollen.
Besonders sinnvoll sind m. E. jene Vorschläge, die über das Klassenzimmer hinausgehen und z. B. die Schulgemeinschaft einschließen. Zu denken wäre an ein Schulfest, einen Weihnachtsbasar, einen Schulgottesdienst, deren Erlös für ein bestimmtes Projekt bestimmt wird, etwa für „Brot für die Welt".
Das Sammeln von Spielzeug oder Kinderkleidung ist sicherlich auch erfolgversprechend, der Erlös einer groß angelegten Briefmarkensammelaktion wird jede Heil- und Pflegeanstalt erfreuen!
Den „Zehnten" zu geben ist eine Möglichkeit der Hilfe, an die sicherlich kaum ein Schüler bisher gedacht hat. Die Information über diesen Brauch im Alten Testament zielt auf die konkrete Vorstellung, daß selbst ein Schüler mit dem zehnten Teil seines Taschengeldes Hilfe leisten kann. Die Erkenntnis, mit wie wenig Geld bereits Hilfe in der Dritten Welt möglich ist, wird vielleicht einige Schüler dazu ermutigen.
Das Vorlesen des Berichtes vom „seltsamen Schwimmunterricht" zielt ab auf eigene Begegnungen der Schüler mit Behinderten.
Im Gespräch muß geklärt werden, ob die Schüler dazu bereit sind, wie und wo solche Begegnungen möglich sind und wie die praktische Durchführung aussehen soll.
Jedem Kollegen sei Mut gemacht zu einer solchen Begegnung, die viel Einsatz und Mühe erfordert, aber mit großem positiven Echo belohnt werden wird!

B. Ziele der Stunde

Die Schüler sollen
- angeregt und motiviert werden, selber etwas für Menschen, die Hilfe brauchen, zu tun.
- Möglichkeiten und Aktivitäten überlegen und unter Mithilfe des Lehrers ausführen.
- den Brauch, den „Zehnten" zu geben, kennenlernen und bedenken, ob nicht auch sie selber in dieser Weise helfen könnten.
- wissen, mit wie wenig Geld bereits in der Dritten Welt geholfen werden kann.
- „Begegnungen" mit Behinderten planen und ausführen.

C. Stundenverlauf

Phase 1 möchte die Schüler motivieren, sich nicht nur über die Problemfelder zu informieren, die unter das Stichwort „Diakonie" fallen, sondern selber etwas gegen die Not zu tun. Dabei werden sie

erfahren, daß auch schon Schüler einer 7. oder 8. Klasse sehr viel erreichen können und viel Freude und Befriedigung dabei erleben werden.
Im Gespräch mit dem Lehrer, dessen Aktivität in dieser Phase unbedingt erforderlich ist, muß geklärt werden, was und wie man etwas tun kann. Die Vorschläge der Schüler werden vielfältig sein. Man sollte das auswählen und planen, was am besten durchzuführen ist und Erfolg und Freude verspricht. Es ist sinnvoll, jene Gedanken aufzugreifen, die die gesamte Schule und die Eltern einbeziehen. Zu denken ist an ein Schulfest, einen Schulgottesdienst o. ä., dessen Erlös einem bestimmten Projekt zugute kommt. Hier sei an die kirchlichen Organisationen wie z. B. „Brot für die Welt" verwiesen, die auch bei Material- und Projektvorschlägen helfen.

Phase 2 spricht den Gedanken an, daß Menschen ihren „Zehnten" geben. Der „Zehnte" ist im Alten Testament entweder eine einmalige Abgabe von der Kriegsbeute oder die regelmäßige Abgabe des zehnten Teils der Ernte und der Einkünfte an das Heiligtum oder an den König. Dieser Brauch des „Zehnten" war auch außerhalb von Israel bekannt, etwa bei den Persern, den Arabern, den Griechen und den Römern.
Der zehnte Teil von Samen und Früchten gehörte nach der Aussage von 3. Mose 27 dem Herrn. Die Leviten, die bei der Landverteilung (Josua 13–22) keinen eigenen Landbesitz erhalten hatten, sondern zum Tempeldienst bestimmt wurden, erhielten zum Lebensunterhalt den „Zehnten". Nach 5. Mose 14 wird in jedem dritten Jahr der „Zehnte" nicht zum Heiligtum gebracht, sondern an die Armen verteilt. Diese Vorschriften in bezug auf den „Zehnten" sind jedoch in der Geschichte Israels häufig nicht oder nur teilweise beachtet worden.

Die Information über den „Zehnten" sollte der Lehrer auf die Frage nach dem eigenen „Zehnten" hinführen. Die Schüler werden erstaunt sein, ein wie geringer Teil ihres Taschengeldes der zehnte Teil davon ist. Der zweite Teil dieser Phase zielt darauf ab, die Schüler zu aktiver finanzieller Hilfe zu motivieren. Dabei werden sie sicherlich noch niemals bedacht haben, wie gering der Einsatz von Geld sein muß, um Menschen in der Dritten Welt zu helfen. Der Text der Christoffel-Blindenmission „Eine alarmierende Herausforderung" (Mat. 20) soll diese Tatsache vor Augen führen.
Zum Abschluß dieser Unterrichtseinheit wird der Bericht „Seltsamer Schwimmunterricht" (Mat. M) vom Lehrer mit der angezeigten Unterbrechung vorgelesen. Die von den Schülern geäußerten Vorschläge, wie die Situation im und am Schwimmbecken verbessert werden kann, soll zu eigenen „Begegnungen" mit Behinderten motivieren.

Wenn die Klasse zu einer solchen „Begegnung" bereit ist, muß geklärt werden, ob
- es eine Behindertengruppe etwa innerhalb der Gemeinde am Ort gibt,
- eine Schule für körperlich oder geistig Behinderte in der Nähe ist und ein Besuch dort erwünscht ist (Absprache mit dem Leiter dieser Schule!),
- es eine „Beschützende Werkstätte" in der Nähe gibt, die auf Besuche und Kontakte vorbereitet ist,
- in erreichbarer Nähe eine Heil- und Pflegeanstalt ist, die bereit ist, Schülerbesuche zu empfangen und Kontakte mit Behinderten (etwa in den Werkstätten) herzustellen.

Die praktische Durchführung wie
- Kontaktaufnahme,
- Terminabsprachen mit Schülern und Schulleitung,

Mat. M

Dieser Bericht stammt von einer jungen Gymnastiklehrerin, die in einem Zentrum für geistig behinderte Kinder arbeitet.

Seltsamer Schwimmunterricht

Die kleine Episode, von der zu berichten Sie mich gebeten haben, hat eigentlich nur für mich und meine Kindergruppe Bedeutung. So dachte ich jedenfalls. Aber natürlich will ich sie auch gern schriftlich erzählen:
Jeden Montag gehe ich mit einer Gruppe geistig behinderter Jugendlicher zum Schwimmen. Die meisten von ihnen sind mongoloid; einige haben leichte spastische Lähmungen. Der Schwimmunterricht findet in einem eigenen Raum mit Lehrschwimmbekken statt, der nur durch den Duschraum zugänglich ist. Gleichzeitig mit uns hat eine Klasse 10–12jähriger Jungen Unterricht, die aber das Sportbecken in der oberen Schwimmhalle benutzen.
Eines Tages kamen nun sechs der neugierigsten Burschen, ehe ihre Klasse den Duschraum verließ, zu uns herein, um zu sehen, „was da unten los ist". Zunächst standen sie abwartend und staunend auf der Treppe, flüsterten und amüsierten sich anscheinend köstlich über das für sie neue und sensationelle Aussehen meiner Schüler. Beim zweiten und dritten Mal wurden sie dreister. Mit dem Ruf: „Komm! Die Doofen sind wieder da!" sprangen sie kopfüber in unser Becken, tauchten zwischen den Behinderten durch und freuten sich, wenn diese ängstlich flüchteten. Alle autoritären Aufforderungen meinerseits, das Schwimmbecken zu verlassen, waren umsonst.
. . . Unterbrechung
Dann kam mir eine Idee. In der nächsten Stunde, als meine Rüpel wieder auftauchten, holte ich alle Kinder meiner Gruppe aus dem Wasser und stellte sie unseren ungebetenen Gästen vor. Ich erzählte ihnen ausführlich über die verschiedenen Behinderungen und deren Ursache und zeigte ihnen, wieviel Mühe die Behinderten aufbringen müssen, um eine sonst so einfache Sache wie das Schwimmen zu lernen.
Meine Kadetten waren sichtlich beeindruckt, und ich hatte das Gefühl, daß sie sich nicht nur wegen ihres Benehmens schämten, sondern fast auch wegen ihrer so normalen Entwicklung und Kräfte. Um sie von diesem Unbehagen etwas zu entlasten, bot ich ihnen an, mir beim Schwimmunterricht zu helfen. Sie konnten sich jeweils einen „Schüler" suchen, um ihm die Schwimmbewegungen zu zeigen. Zu meinem großen Erstaunen entschieden sie sich für diejenigen, die sie zuvor am meisten verspottet und geärgert hatten.
So kamen wir zu einem fachlich nicht sehr qualifizierten, dafür aber sehr individuellen Schwimmunterricht. Ich kann nicht behaupten, daß meine Schüler nun schneller schwimmen lernten. Aber sie haben Freunde gewonnen. Und das ist für sie bestimmt mindestens ebenso wichtig wie das Schwimmen-Können.

Ela Meister

In: Laetare 9/10; 22. Jahrg. Arbeitshilfe für Frauen- und Mütterarbeit 1969, 8504 Stein über Nürnberg, Deutenbacher Str. 1, S. 233

- eventuelle Unterrichtsbefreiung der Schüler,
- Information und Einverständnis der Eltern,
- Mithilfe von Eltern,
- Fahrmöglichkeiten (Bus oder Privatautos),
- Bestellen eines Busses,
- Kostenfrage,
- Einsammeln des Fahrgeldes,
- Sammeln von „Mitbringseln"

wird vermutlich vor allem in der Hand und Verantwortung des Lehrers liegen. Denkbar ist auch die Mithilfe von Eltern.

Auf jeden Fall sei Mut gemacht zu einer solchen „Begegnung", die nach viel Arbeitseinsatz viele gute Erfahrungen vermittelt. Eine Nacharbeit des Erlebten sei sehr empfohlen. Es bieten sich eine Nachbesprechung, eine Fragestunde und/oder eine anonyme Befragung der Schüler und eine Auswertung etwa nach folgendem Muster an:

Mat. N

Anonyme Befragung

1. Ich wollte von Anfang an gerne/nur bedingt/gar nicht mit zu der „Begegnung".

2. Meine Gründe: ______________________________

____

3. Als wir bei der „Begegnung" ankamen, hatte ich folgende Gefühle und Gedanken:

____

____

____

4. Ich kann mir vorstellen, wieder einmal so etwas ähnliches zu machen/dort mitzuarbeiten/es nie wieder zu machen.

5. Als Unternehmung für die Schule halte ich eine solche „Begegnung" für gut/ungeeignet.

6. Eine 7. oder 8. Klasse ist dafür noch zu jung/alt genug.

(Bitte das Falsche ausstreichen!)

Vorschlag für eine Klassenarbeit

Der Vorschlag versucht ein breites Spektrum des behandelten Stoffes zu erfassen:

Kinderarbeit / J. H. Wichern,
Euthanasie im Dritten Reich
Behinderte / ihre Situation / Umgang mit ihnen.

Der Text des Gedichtes von S. Kilian ist im Materialienheft zu finden (Mat. 21). Der Briefausschnitt findet sich bei L. Schlaich, Evangelische Dokumente zur Ermordung der „unheilbar Kranken" unter der nationalsozialistischen Herrschaft in den Jahren 1939–1945. Aus: L. Schlaich, Lebensunwert? Kirche und Innere Mission, Württemberg im Kampf gegen die „Vernichtung lebensunwerten Lebens". S. 102–103. Der Text ist abgedruckt in: S. Schulz (Hrsg.), Materialien Sterben – Tod – Auferstehung, Stuttgart 1987, S. 22/23, Klettbuch Nr. 26861.

Klassenarbeit:

I. „Die Hilflosen in jeder Zeit sind die Schwachen, – und das sind meistens die Kinder!"

a. Worauf will dieser Satz hin weisen? 1 P.
b. Berichte kurz, was Du zur Erklärung dieser Aussage weißt! 5 P.
c. Nenne einen Mesnchen, der versucht hat zu helfen und berichte, auf welche Weise er es tat. 2 P.
d. Wie ist die Situation von Kindern heutzutage in der Bundesrepublik Deutschland? Nenne gesetzliche Regelungen! 2 P.

II. Aus einem Brief:

„Liebe Eltern und Geschwister!
Ich lebe wieder in einer Angst, weil die Autos wieder hier waren . . .

Eure FR."

a. Aus welcher Zeit stammt dieser Brief wohl?
b. Was könnte mit den „Autos" gemeint sein?
c. Berichte die wichtigsten Tatsachen, die Du über die Situation der Behinderten damals kennst!

Insgesamt 10 Punkte

III. Lies das Gedicht „Klumpfuß" von S. Kilian

a. Was erfährt man über Franz? 1 P.
b. Wer redet im ersten Teil, welche Gedanken hat der Sprechende? 2 P.
c. Beschreibe die Gedanken des „Klumpfuß" und versuche mit wenigen Sätzen, seine Situation zu deuten. 3 P.
d. Gib 4 Hinweise, wie Nichtbehinderte mit Behinderten umgehen sollten! 4 P.

Die Arbeit ist auf 30 Punkte angelegt.

Literaturverzeichnis

Werner Brock, „Tierfreund", in: Stuttgarter Zeitung vom 15. 9. 1981

Johann Andreas Cramer, „Das sollt ihr, Jesu Jünger, nie vergessen", Lied Nr. 159, in: Evangelisches Kirchengesangbuch, Verlag des Evangelischen Gesangbuchs, Stuttgart 1971, 21. Auflage

Marie Luise Elling, „Der Streit um den Rollstuhlschieber", aus: „Auch Daniel gehört dazu", P. Weiden Verlag, Porz

Ernst Klee, Behinderten-Report, Fischer Taschenbuch Verlag GmbH, Frankfurt a. M. 1974

Ernst Klee, „Euthanasie" im NS-Staat, Die „Vernichtung lebensunwerten Lebens", S. Fischer Verlag, Frankfurt a. M. 1983, 2. Auflage

Jürgen Kuczynski, Geschichte des Alltags des Deutschen Volkes, Band 3, Pahl-Rugenstein Verlag, Köln 1981

Ela Meister, „Seltsamer Schwimmunterricht", in: Laetare-Arbeitshilfe für Frauen- und Mütterarbeit, Stein über Nürnberg, Heft 9/10 1969, 22. Jahrgang

O. Model / C. Creifeld, Staatsbürgertaschenbuch, Verlag C. H. Beck, München 1978, 17. Auflage

Christoph Planck, Gebet eines gelähmten Jungen, aus: „Behinderte in der Gemeinde", in: für Arbeit und Besinnung, Zeitschrift für die Evangelische Landeskirche in Württemberg, 15. März 1981, 35. Jahrgang

Mauro Pellegrini, Hau ab, Zigeuner (Originaltitel: War José anders?), Publiz. Büro Dr. P. Herzog, Tübingen, in: Die Hundesöhne und andere Geschichten, GTB Siebenstern, Gütersloh 1979, 2. Auflage

„Rechenaufgaben im neuen Geiste", zitiert nach Tübinger Vereinigung für Volkskunde e.V., „Volk und Gesundheit, Heilen und Vernichten im Nationalsozialismus", 1982

Josef Reding, „herr brockstiepel und die penner", aus: Publik-Forum Extra, Dezember 1986, Frankfurt a. M.

Siegfried Schulz, Das Spiel Fürsteneck

Carola Stern, In den Netzen der Erinnerung, Rowohlt Verlag Hamburg 1986

F. Vahle, „Ayşe und Jan", Verlag „pläne" GmbH, Dortmund

„Zeitungsmeldung" aus: Konsequenzen 6/1969, Zeitschrift für Mitarbeiter in Gemeinde und Mission, Stuttgart

Sonstige Medien:

- Informationsmaterial des „Diakonischen Werkes der EKD"
- Film von S. Nowakowski, „Nicht mehr versteckt", BRD 1972, Farbe, 30 Min.
- Informationsmaterial der Christoffel-Blindenmission e.V., Bensheim

Inhalt des Materialienheftes „Den Nächsten lieben – das Notwendige tun“

Klettbuch Nr. 26869

Außenseiter I
1 Bilder von Außenseitern

Außenseiter II: Gastarbeiterkinder
2 Lied von F. Vahle: „Ayşe und Jan“
3 Karikatur von Chr. Sandberger, „Spaggedifresser“

Ein Beispiel aus der Geschichte der Diakonie: Johann Hinrich Wichern
4 Fotografie „Kinderarbeiter um 1850“
5 Zwei Texte zur Kinderarbeit
6 Drei Bilder zu J. H. Wichern und dem Rauhen Haus
7 Fotografie von J. P. Laffont: „Die kleinen Sklaven“
8 Text zum Jugendarbeitsschutzgesetz

Diakonie heute
9 Aufgabenfelder der Diakonie

Behinderte – Menschen wie Du und ich
10 Text von Chr. Planck: „Gebet eines gelähmten Jungen“
11 Bildcollage „Behinderte“

Wir lernen eine Gruppe von Behinderten kennen: Die Spastiker
12 Zeitungsmeldung aus „Konsequenzen“ 6/1969

Behinderte in dunkler Zeit
13 „Rechenaufgaben im Dritten Reich“
14 „Erinnerungen“ aus „In den Netzen der Erinnerung“ von C. Stern
15 Zeugnisse der Mordaktion, Bild: Die Reichspostbusse und Schreiben des Württembergischen Innenministers

Das Spiel Fürsteneck
16 Zum Spiel Fürsteneck: Stadtplan
17 Zum Spiel Fürsteneck: Brief an den Bürgermeister
18 Zeitungsmeldung „Fürsteneck, Grafeneck und anderswo“

Diakonie als Nachfolge Jesu
19 Volkstümlicher Papierschnitt aus China

Was können wir tun?
20 Eine alarmierende Herausforderung

Vorschlag für eine Klassenarbeit
21 Gedicht von Susanne Kilian, „Klumpfuß“

Stundenblätter Religion

Sekundarstufe I

Getzeny, Hans
Stundenblätter Freundschaft – Liebe – Partnerschaft
Klettbuch 926741, 40 S. + 29 S. Beilage, geh.

Getzeny, Hans (Hrsg.)
Materialien Freundschaft – Liebe – Partnerschaft
Klettbuch 26863, 30 S., geh.

Schulz, Siegfried
Stundenblätter Bergpredigt
Klettbuch 926742, 51 S. + 40 S. Beilage, geh.

Schulz, Siegfried (Hrsg.)
Materialien Bergpredigt
Klettbuch 26864, 54 S., geh.

Schulz, Siegfried
Stundenblätter Christen und Juden
Klettbuch 926703, 55 S. + 29 S. Beilage, geh.

Schulz, Siegfried (Hrsg.)
Materialien Christen und Juden
Klettbuch 268670, 80 S., geh.

Schulz, Siegfried
Stundenblätter Sterben – Tod – Auferstehung
Klettbuch 926721, 63 S. + 41 S. Beilage, geh.

Schulz, Siegfried (Hrsg.)
Materialien Sterben – Tod – Auferstehung
Klettbuch 26861, 59 S., geh.

Kommentare und Resultate

Der Lehrer stimmt die Schüler ohne Vorreden durch das an die Tafel geschriebene Wort „Außenseiter“ ein. Das Gespräch, das sich sicherlich schnell entwickeln wird, sollte als Ergebnis jene Gruppen von Außenseitern an der Tafel auflisten, die von den Schülern genannt werden.

Mögliche Ergebnisse:

Außenseiter sind
- Penner, Obdachlose, Tippelbrüder
- Gastarbeiter
- Asylanten
- Drogenabhängige
- Homosexuelle
- Aidskranke
- Alte Menschen

u. a.

Die Schüler übernehmen den Tafelanschrieb in ihre Hefte / Ordner.

Die Bildbetrachtung soll die Schüler auf einzelne Problemgruppen aufmerksam machen, soll Verständnis wecken, soll versuchen Vorurteile abzubauen.
Die Schüler sollen auch emotional an den Themenkomplex „Fremde Menschen unter uns“ herangeführt werden.

Als Problemgruppen sind abgebildet:
- Penner / Obdachlose
- Flüchtlinge / Asylanten
- Landfahrer
- Alte Menschen
- Behinderte

Der Lehrer liest das Gedicht einmal oder zweimal vor und stellt die Leitfragen.

Unterrichtsverlauf	Methoden / Sozialformen
	Leitfragen: – Was schlägt Herr Brockstiepel als Hilfe vor? – Warum sind seine Vorschläge unüberlegt? – Was möchte der Verfasser wohl mit diesem Gedicht sagen?
Phase 3 (Schluß) Abschließende Informationen und Zusammenfassung	Abschließendes Klassengespräch / Lehrerinformation Ergebnisfixierung / Diktat / Hefteintrag
	Hausaufgabe: Sucht aus der Zeitung, dem örtlichen Anzeigen- und/oder Nachrichtenblatt ein bis zwei Wohnungsanzeigen heraus, in denen deutlich wird, daß bestimmte Menschen als Mieter unerwünscht sind!

Kommentare und Resultate

Die Schüler sollen an dem konkreten Beispiel „Wohnungssuche“ die Probleme von Außenseitergruppen erkennen.
Wenn die Anzeigen Rückschlüsse auf die Gastarbeiterproblematik erlauben, sollte dies um des Themas der Stunde willen hervorgehoben werden.
Am Schluß soll jeder Schüler eine der Anzeigen in sein Heft oder in seinen Ordner einkleben.

Die Schüler sollen erkennen, wie unnatürlich es ist, wenn Kinder nicht miteinander spielen dürfen. Sie sollen die Folgen von Vorurteilen nachvollziehen und Wege zueinander aus dem Lied und/oder durch eigene Vorschläge erarbeiten:

Folgen von Vorurteilen:	Fehlende Kommunikation Falsches Handeln (Werfen des Steins) Aggression (Jan wird verhauen) Trennung Einsamkeit
Wege zueinander:	Überwinden der Mauer Kleine Geschenke Miteinander sprechen Zueinander gehen Einander kennenlernen Gemeinsam essen

Die Schüler sollen mit Hilfe der Rechtschreibübung und der einfachen Karikatur ausdrücken,
- daß Vorurteile oft erschreckend dumm sind,
- warum es zu der schlechten Orthographie bei Gastarbeiterkindern kommt,
- daß beide Seiten – Einheimische und Gastarbeiter – ihre Vorurteile und Beschränkungen haben.

Unterrichtsverlauf	Methoden / Sozialformen
Phase 2 (Forts.)	Leitfragen: – Warum solltet ihr vorhin das Wort „Spaghetti“ aufschreiben? – Deutet den Satz, den das Mädchen spricht! – Was will uns der Zeichner mit seiner Karikatur sagen? <u>II. Textarbeit / Klassengespräch</u> Medium: Text von W. Brock „Tierfreund“ (Mat. B) Der Text wird in 2 Abschnitten vorgelesen! Leitfragen: (nach dem ersten Teil) – Warum freut sich Josef M.? – Warum schreibt er an die Zeitung? Leitfragen: (nach dem zweiten Teil) – Wer kann das Wort „diffamieren“ erklären? – Wißt ihr, wie die aufgezählten Menschengruppen diffamiert wurden? – Warum wurden sie verachtet? – Warum kommen die Gastarbeiter zu uns nach Deutschland? – Welche Schwierigkeiten haben sie bei uns? – Versucht zu beschreiben, was passieren würde, wenn alle Gastarbeiter die Bundesrepublik verlassen würden. <u>III. Zitat:</u> „Alle Menschen sind Ausländer – fast überall.“ Leitfrage: – Was soll uns mit diesem Satz gezeigt werden? <u>Ergebnisfixierung / Lehrerdiktat (in Auswahl) / Hefteintrag (fakultativ)</u>
Phase 3 Ein erster biblischer Maßstab	<u>I. Klassengespräch</u> Leitfrage: – Kennt jemand von euch Geschichten im Alten Testament, in denen von Fremden erzählt wird?

Kommentare und Resultate

II. Nachdem der Lehrer zur Bibelarbeit aufgefordert hat, werden die Schüler schnell herausgefunden haben, daß die Israeliten die Zeit der eigenen Fremde in Ägypten nicht vergessen haben und deshalb konkrete Hinweise für den Umgang mit Fremden geben.
Die Ergebnisse im einzelnen:

Ergebnis:

1. In Israel waren vor allem jene Menschen Fremde und Außenseiter, die einen anderen Glauben hatten.
2. Für das Volk Israel und für uns Christen gilt als Gottes Wille:
   - Unterdrücke keine fremden Menschen!
   - Behandle Fremde wie Einheimische!
   - Liebe den fremden Menschen genauso wie du dich liebst!

Die Hausaufgabe sollte u. U. in der Stunde vorbesprochen werden, indem gemeinsam einige Übertragungsmöglichkeiten angedeutet werden.
Mögliche Übertragungen wären:
„Fremde“ ⇨ Gastarbeiter, Türken, Asylanten.
„bedrücken“ ⇨ schlechtmachen, diskriminieren.
„wohnen wie Einheimische“ ⇨ Wohnungen vermieten
u. a.

Kommentare und Resultate

Hausaufgabe abrufen!

„Wenn Gastarbeiter (Türken) bei euch wohnen, dann sollt ihr sie nicht schlechtmachen oder gar nicht beachten.
Vermietet ihnen Wohnungen wie jedem Deutschen auch,
beachtet sie, helft ihnen in Schwierigkeiten!
Behandelt sie ganz genau so, wie ihr auch behandelt werden möchtet!
Denn ihr dürft nicht vergessen, daß es auch in Deutschland viele Familien gab, die nach dem Zweiten Weltkrieg als Fremde (Flüchtlinge) nach Westdeutschland kamen.
Gott ist ihr und euer Vater."

Die Erzählung muß ohne Überschrift vorgelesen werden!

Die Unterbrechung beim Vorlesen soll die emotionale Reaktion der Schüler hervorrufen. Die Schüler dürfen ihre Gefühle und ihren Zorn über die ungerechte Reaktion des Vaters durchaus formulieren.

Als Ergebnis sollte gesprächsweise festgehalten werden, daß
- der Vater offensichtlich schlechte Erfahrungen mit Zigeunern gemacht hat oder nur bekannte Vorurteile weitergibt,
- daß Vorurteile Urteile sind, die gefällt werden, bevor man den betreffenden Menschen richtig kennt,
- daß José am Arbeitsplatz, bei seinen Kollegen und beim Kirchgang diesen Vorurteilen begegnet ist.

I. Das freie Klassengespräch wird vermutlich auf Menschengruppen verweisen wie Zöllner, Römer, Dirnen, Lepröse u. a. m.
Falls hier bereits das Stichwort „Samariter" fällt, sollte an dieser Stelle darauf eingegangen werden.

Unterrichtsverlauf	Methoden / Sozialformen
Phase 3 (Schluß)	II. Biblische Nacherzählung / Klassengespräch Einstiegsfrage: – Wer von euch kann uns das Gleichnis vom barmherzigen Samariter erzählen? Leitfragen: – Weiß jemand von euch, weshalb die Samariter so unbeliebt waren? – Was ist ein Levit? – Wo liegt Jericho? – Warum stellt Jesus gerade einen so verachteten Samariter als Vorbild für seine Zuhörer hin? Ergebnisfixierung durch Diktat und Hefteintrag

Kommentare und Resultate

I. Im ersten Teil dieser Phase erzählen die Schüler, was sie über die drei genannten Berufsgruppen wissen, nennen die Vorteile, aber auch die Nachteile.
Der Lehrer sollte nur dann, wenn das Gespräch zu stocken droht, mit Informationen eingreifen.

II. Das Gespräch sollte mit Hilfe der beiden letzten Fragen zu folgendem Tafelbild führen:

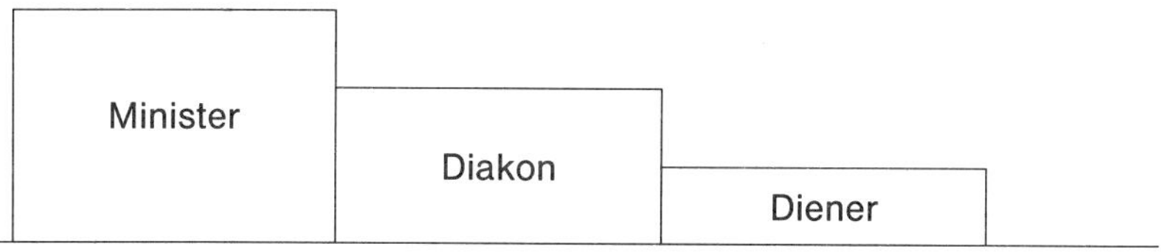

III. Der Lehrer malt folgende Gleichsetzung an die Tafel:

Diener = Minister = Diakon

Nachdem die Gleichsetzung erklärt worden ist (was auch als Hausaufgabe gelöst werden könnte durch die Arbeit der Schüler mit einem Lexikon!), sollte ein erstes Ergebnis in die Hefte/Ordner diktiert werden:

<u>1. Ergebnis:</u>

Diakon	= Diener (aus dem Griechischen)
Diakonie	= Dienst, Dienen
Diakonisse	= Dienerin
Minister	= Diener (aus dem Lateinischen)

Unterrichtsverlauf	Methoden / Sozialformen
Phase 1 (Forts.)	Ergebnisfixierung / Tafelanschrieb / Hefteintrag
Phase 2 Die Anfänge der Diakonie	I. Aktualisierung durch die Erzählung von einem Agapemahl in der Urgemeinde Medium: Erzählhilfe für die Hand des Lehrers (Mat. D) II. Klassengespräch / Bibelarbeit Medium: Apostelgeschichte 6/1–7 Leitfragen: – Wodurch wuchs die christliche Gemeinde? – Wie entstand die Verstimmung in der Gemeinde? – Wer sind die griechischen, wer die hebräischen Christen? – Wer sind die Apostel? – Könntet ihr euch vorstellen, was mit der täglichen Versorgung der Witwen gemeint war? – Warum haben es die Witwen so besonders schwer? – Was machen die Apostel in der Gemeinde? – Welche Aufgaben bekommen die Apostel?

Kommentare und Resultate

Das Klassengespräch und die Lehrerinformationen führen zu folgendem Ergebnis:

Informationen zu Apostelgeschichte 6:

1. Die erste christliche Gemeinde in Jerusalem wird die Urgemeinde genannt. Sie entstand mit dem ersten Pfingstfest im Jahr 30/33 n. Chr.
2. Die Christen trafen sich abends abwechselnd in ihren Häusern, um gemeinsam zu beten und zu essen. Dieses Gemeinschaftsmahl nennt man Liebesmahl oder Agape.
3. In der Urgemeinde gab es Christen, die hebräisch und aramäisch sprachen und die, die griechisch sprachen.
4. Weil sich die griechischsprechenden Witwen benachteiligt fühlten, wurden sieben Diakone eingesetzt, die für Gerechtigkeit sorgen sollten.
5. Die Diakonie ist eine Einrichtung der Urgemeinde, entstanden um 40 n. Chr.
6. Die Aufgabe der Diakonie bestand in der Fürsorge für die Benachteiligten der Gemeinde, in diesem Fall waren es die Witwen der christlichen Gemeinde.

Bei dieser Aufgabenstellung geht es darum, daß die Schüler praktisch erfahren, was die Diakonie vor Ort leistet.
Der Lehrer wird Hinweise geben müssen, wie die Schüler an die Informationen herankommen:
- Man geht zu zweit zum Pfarrer des Ortes.
- Die Konfirmanden befragen ihren Konfirmator.
- Man teilt die Schüler in Gruppen für die einzelnen Stadtbezirke auf.
- Man bespricht, wer zum Pfarrer und wer zur Gemeindeschwester geht.

Die Schüler sollten sich einigen, wer von welchen Erlebnissen und Informationen im Unterricht berichtet.
Eventuell wird es notwendig sein, daß der Lehrer selber für den Unterricht das Informationsmaterial besorgt (Pfarramt, Diakonische Bezirksstelle, Dekanat).

Kommentare und Resultate

I. Die Bildbetrachtung wird die Schüler rasch zum Nachfragen motivieren. Es kann nur im Ausnahmefall davon ausgegangen werden, daß Schüler der 7. und 8. Klasse bereits über das Elend der Arbeiter im 19. Jahrhundert informiert sind. Der Lehrer wird über die Situation der Arbeiter im letzten Jahrhundert in den wichtigsten Punkten berichten.

II. Dieser Teil soll in gedrängter Form die Informationen über die Kinderarbeit im 19. Jahrhundert vertiefen.
Nach dem stillen Lesen des Textes stellt der Lehrer die Fragen. Er wird weitere Informationen geben müssen.
In der Stundenverlaufsbeschreibung sind Sachinformationen nachzulesen.

Das Ergebnis sollte folgendermaßen notiert werden:

Ergebnis:

1. Die Verarmung der Menschen im 19. Jahrhundert zwang viele Familien dazu, daß auch schon ihre Kinder arbeiten mußten.
2. Selbst Kinder im Alter von 4 bis 5 Jahren mußten bereits viele Stunden arbeiten.
3. Ein Bericht von 1825 nennt 15 Stunden für die tägliche Kinder-arbeitszeit.
4. Erst allmählich wurden die Arbeitszeiten der Kinder durch Gesetze verkürzt, später dann ganz verboten.

Unterrichtsverlauf	Methoden / Sozialformen
Phase 2 Johann Hinrich Wichern	<u>I. Bildbetrachtung / Gespräch</u> Medium: Bild von Johann Hinrich Wichern (Mat. 6 a) Leitfragen: – Was ist das wohl für ein Mann? – Wie alt wird er sein? – Sagt euch seine Kleidung etwas über seinen Beruf? – Was hat er wohl mit den arbeitenden Kindern des unteren Bildes zu tun? <u>II. Lehrerinformation</u> <u>III. Bildbetrachtung / Klassengespräch</u> Medium: Das „Rauhe Haus" (Mat. 6 b/c) Leitfragen: – Welchen Eindruck macht die Außenansicht auf euch? – Was tun die Kinder, was die Erwachsenen? <u>Ergebnisfixierung / Diktat / Hefteintrag</u> (eventuell nach Auswahl des Lehrers stichwortartig)
Phase 3 Vertiefung: Kinderarbeit heute	<u>I. Motivationsgespräch</u> Leitfragen: – Gibt es heute noch Kinderarbeit? – Wo könnte es Kinderarbeit geben? – Was arbeiten sie wohl? – Warum arbeiten sie wohl?

Kommentare und Resultate

Der Lehrer informiert die Schüler darüber, daß es auch heute noch Kinderarbeit gibt (vor allem in der „Dritten Welt“).

Über die gesetzliche Regelung der Kinderarbeit in der Bundesrepublik können sich die Schüler anhand des Auszuges aus dem Jugendarbeitsschutzgesetz informieren.

Ergebnis:

1. Auch heute sind in vielen Gebieten der Welt Kinder aus der Not heraus zur Arbeit gezwungen.
2. Bei uns ist die Kinderarbeit gesetzlich geregelt und in den meisten Fällen verboten.

(Nach der Schlußphase:)

3. Sozialdiakonie ist eine wichtige Aufgabe der Kirche!

Das Schlußgespräch sollte zu dem Ergebnis führen, daß die Kirche seit der Mitte des 19. Jahrhunderts – zwar nicht unbestritten – Mitverantwortung für gesellschaftliche Prozesse trägt und daß daher die Sozialdiakonie zu ihren Aufgaben gehört.

Unterrichtsverlauf	Methoden / Sozialformen
	Hausaufgabe: Löst zur nächsten Stunde das Rätsel und gebt das Lösungswort an!

Kommentare und Resultate

Abrufen der Hausaufgabe der vergangenen Stunde: Kontrolle des Rätsels und des Lösungswortes!

I. Die Hausaufgabe aus der vierten Stunde spielt in dieser Stunde eine ganz besondere Rolle. Sie dient als Auftakt zur Stunde:
Der Lehrer läßt die Schüler so berichten, wie es in der 4. Stunde besprochen war.

II. Jeder Schüler bekommt ein bis zwei Informationsmaterialien, die entweder selber besorgt wurden oder vom Lehrer den Schülern zur Verfügung gestellt werden.

Die Stillarbeit sollte unbedingt einige Minuten eingehalten werden.

Am Schluß dieser Phase sollen die Schüler erste begründete Einsichten in die Arbeit der Diakonie gewonnen haben.

Das Symbol der Diakonie wird an die Tafel gemalt und ins Heft übertragen.

Der Lehrer sollte darauf hinarbeiten, daß die Schüler erkennen, daß
– „Kreuz“ Leiden, Not und Schmerzen,
– „Krone“ Leben, Auferstehung und Sieg über Not und Tod symbolisieren.

Unterrichtsverlauf	Methoden / Sozialformen
Phase 2 (Forts.)	<u>Hefteintrag nach Lehrerdiktat</u> <u>II. Klassengespräch / Lehrerinformation</u> Medium: Der Lehrer schreibt das Bibelwort „Einer trage des anderen Last!“ als Gesprächsimpuls an die Tafel. Leitfrage: – Warum ist der Satz eine christliche Verhaltensregel? <u>Ergebnisfixierung / Diktat / Hefteintrag</u> <u>III. Stillarbeit / Partnerarbeit / Klassengespräch / Lehrerinformation</u> Medium: Die Aufgabenfelder der Diakonie (Mat. 9) Leitfragen: – Welche Begriffe versteht ihr, welche nicht? – Was könnte mit (z. B.) „Rehabilitation“ gemeint sein? – Worauf könnte die Benennung (z. B.) „Mitternachtsmission“ hinweisen? usw.

Kommentare und Resultate

Diese Phase muß der Kollege vorbereiten, indem er je nach Schülerzahl Kopien von 20-DM-Scheinen in den Unterricht mitbringt.
Falls diese Arbeitsaufgabe den zeitlichen Rahmen der Unterrichtsstunde überschreitet, kann dieser Teil der Stunde auch als Hausaufgabe gestellt werden.

Für die Erstellung der Hausaufgabe ist es notwendig, daß die Schüler genügend Material erhalten haben. Der Lehrer wird sicherlich beim örtlichen Pfarramt oder beim Diakonischen Werk seiner Landeskirche bzw. beim Caritasverband entsprechendes Material erhalten.

Die Hausaufgabe ist entweder zu lösen als eine Gruppenarbeit zu Hause oder gemeinsam zu Beginn der nächsten Stunde oder als Einzelarbeit auf ein bis zwei Blättern, die dann in den Ordner oder das Heft eingefügt werden.
Falls der Lehrer die Gruppenarbeit vorzieht, ist es möglich, das Ergebnis der Arbeit an der Wand im Klassenzimmer anzubringen.

Kommentare und Resultate

Kontrolle der Hausaufgabe!
Der erste und zweite Teil dieser Phase sollte ohne viele Erklärungen und Kommentare des Lehrers ausgeführt werden. Die Wünsche sollen so notiert werden, daß auf der rechten Seite Platz bleibt für das Notieren der Wünsche aus Teil III. Dadurch entsteht ein „synoptischer“ Überblick über die verschiedenen und verschiedenartigen Wünsche.

III. Das Gebet des gelähmten Jungen soll laut vorgelesen werden, und die sechs Wünsche, die in ihm enthalten sind, sollen an der Tafel gesammelt werden, damit sie später ins Heft abgeschrieben werden können.
Die Besonderheiten der Wünsche sollten ebenfalls im Heft notiert werden (s.u.).

Hefteintrag

Die 6 Wünsche des gelähmten Jungen sind:

1. Die Nichtbehinderten sollen erkennen, daß auch Behinderte Gefuhle und Empfindungen haben!
2. Wir wollen ganz selbstverständlich in die Gesellschaft aufgenommen werden!
3. Wir wollen kein falsches Mitleid!
4. Wir wollen Kontakte mit Nichtbehinderten!
5. Wir wollen keine Sonderrolle spielen!
6. Wir wollen zeigen, daß wir auch etwas leisten können!

Die Besonderheiten des Gebets:

1. Der spastisch gelähmte Junge betet für alle Behinderten; er spricht per „wir“ und nicht per „ich“.
2. Er betet nicht um Befreiung von seiner Behinderung.
3. Er formuliert keine materiellen Wünsche, es geht ihm um die Verbesserung der menschlichen Beziehungen.

Unterrichtsverlauf	Methoden / Sozialformen
Phase 2 Viele von uns sind behindert!	<u>Klassengespräch / Lehrerinformation</u> Gesprächsimpuls: (Behauptung eines brilletragenden Lehrers) „Ich bin behindert!“ Leitfragen: – Wieso kann ich das behaupten? – Wer kann erkennen, worin meine Behinderung liegt? – In welchen Situationen ist meine Behinderung lästig? – Hat jemand von euch auch eine Behinderung? <u>Ergebnisfixierung / Diktat / Hefteintrag</u>
Phase 3 Information über Behinderte	<u>I. Klassengespräch / Lehrerinformation</u> Leitfragen: – Kennt jemand von euch behinderte Menschen? – Kann einer von euch sagen, welche Fachausdrücke es für bestimmte Arten von Behinderungen gibt? – Wodurch entstehen Behinderungen? – Wann entstehen sie? – Sind Behinderungen ansteckend? – Weiß jemand von euch, welche Behinderung bei uns am häufigsten vorkommt? – Kann man etwas gegen Behinderungen tun? – Was versteht man unter „Mehrfachbehinderungen“?

Kommentare und Resultate

4. Unter Mehrfachbehinderten versteht man Menschen, die unter mehreren Behinderungen zugleich leiden.
5. Die größte Gruppe bilden bei uns die spastisch Gelähmten.
6. Vor allem Mädchen sollten wissen, daß die an sich harmlose Krankheit Röteln während der Schwangerschaft schwere Mißbildungen beim ungeborenen Kind verursachen kann!
7. Bestimmte Behinderungen bezeichnet man mit Ausdrücken wie:
   - Mongolismus,
   - Spastische Behinderung,
   - Epilepsie.

II. Dieser Abschlußteil soll das Erarbeitete vertiefen. Wichtig ist das Klassengespräch und die Erkenntnis für die Schüler, die vorher in der Regel noch keinen Kontakt mit behinderten Kindern hatten, daß jeder Mensch, ob behindert oder nicht behindert, „ein Teil des Ganzen“ ist.

Die einzelnen Bilder stellen dar:
- ein blindes Mädchen (1),
- ein körperbehindertes Mädchen (2),
- ein mongoloides Kind (3),
- eine mongoloide Frau (4),
- einen spastischen Jungen (5),
- ein taubstummes Mädchen (6).

Nicht vergessen:

Den Film für die 9. Stunde rechtzeitig bestellen!

Kommentare und Resultate

Im Laufe des Klassengesprächs wird die Information erforderlich sein, daß die Faxen Daniels auf eine spastische Behinderung deuten.
Die Frage nach dem Einweisen in eine Anstalt und der Reaktion des Lehrers Brand sollte dazu führen, daß am Schluß eine pädagogische Skizze erarbeitet wird.
Denkbar ist der Vorschlag, daß
- der Lehrer die Schüler an einem Nachmittag zu sich einlädt,
- Daniel zu einem zweiten Treffen auch eingeladen wird,
- andere Schüler Daniel zu Hause besuchen,
- Martin von sich und den Schwierigkeiten mit Daniel für die Familie berichtet,
- andere Schüler Daniel nachmittags betreuen,
- Daniel ganz bewußt zu einem nächsten Klassenspiel eingeladen wird.

Falls es die Klassensituation zuläßt, könnte diese Phase mit einem Rollenspiel abgeschlossen werden: Lehrer Brand und 2 bis 3 Schüler (Martin und Theo!) besprechen die Situation beim Klassenspiel und beraten eine Konfliktlösung.

Die Gruppenarbeit könnte zu folgendem Ergebnis führen, das die Schüler von der Tafel in ihre Hefte / Ordner übernehmen und zur folgenden Stunde als Hausaufgabe sinngemäß (oder wörtlich) auswendig lernen:

Regeln für den Umgang mit Behinderten:

1. Erkenne, daß ein behinderter Mensch zwar anders ist als du, er ist aber keineswegs schlechter oder wertlos!
2. Sei freundlich zu ihm und beachte ihn wie jeden anderen Menschen!
3. Sprich mit ihm so normal wie möglich!
4. Tu nicht so, als sei er ein kleines, dummes Kind!
5. Sei mit deiner Hilfe nicht aufdringlich!
6. Versuche herauszubekommen, was er dir mitteilen möchte, und sei geduldig!
7. Vergiß niemals, daß jeder Mensch ein Ebenbild Gottes ist!
8. Vergiß auch niemals, daß auch du nicht davor geschützt bist, behindert zu werden!

Unterrichtsverlauf	Methoden / Sozialformen
Phase 3 Lehrerreferat: Der Spastiker	Lehrerinformation / Klassengespräch Mögliche Leitfragen: – Was störte die Jungen besonders an Daniel? – Was ist das Kennzeichen eines Spastikers? – Wie kommt es zu dieser Behinderung? Ergebnisfixierung / Lehrerdiktat / Hefteintrag

Kommentare und Resultate

Abfragen der Hausaufgabe nicht vergessen!

I. Der Lehrer gibt eine kurze Einführung in den Film: Er berichtet von einer Freizeit, die eine Gruppe von behinderten und nichtbehinderten jungen Erwachsenen in Holland erlebt hat. Der Lehrer muß seine Schüler unbedingt darauf hinweisen, daß im Film Bilder gezeigt werden, die nicht so ohne weiteres leicht zu ertragen sind. Er mutet den Schülern zu, lange Szenen mit Gesichtern von Behinderten und deren Mienenspiel zu betrachten.

I. Die Betroffenheit der Schüler wird sich entweder in Stille und Nachdenklichkeit äußern oder aber in einer deutlichen Unruhe.
Der Lehrer sollte eine kurze Zeit der Abreaktion einräumen, damit die Schüler u. U. auch mit ihren Nachbarn Gefühle und Gedanken austauschen können.
Die erste Runde der Besprechung dient vor allem dazu, die Gefühle der Schüler aufzufangen.

II. Der Lehrer hat Arbeitsblätter in Klassenstärke für die Hand der Schüler koplert.

Falls die Bearbeitung innerhalb der Stunde nicht geschafft wurde, sollte sie zu Hause beendet werden.

Die Zeitungsnotiz wird vorgelesen und relativ kurz und konzentriert besprochen.

Es ist wichtig, diese Phase nicht zu übergehen, da sie die folgenden Unterrichtsstunden vorbereitet!

tt. Innenministeriums (Mat. 15)

Kommentare und Resultate

Kontrolle der Arbeitsblätter zum Film nicht vergessen!

Das Klassengespräch, das vor allem eine Information durch den Lehrer sein wird, sollte zu etwa folgendem Hefteintrag führen:

Zum Begriff „Euthanasie“:

1. Das Wort Euthanasie kommt aus der griechischen Sprache und bedeutete dort „guter Tod“.
2. Im Dritten Reich (1933–1945) benutzte man diesen Begriff für die Tötung von Behinderten. Man bezeichnete sie als nutzlose Esser und nannte ihr Leben „lebensunwert“.
3. Damals wurden behinderte Menschen z. B. durch Gas oder Gift getötet.
4. Heute benutzt man dieses Wort bei der Frage, ob man qualvoll Sterbenden das Leiden verkürzen dürfe.

I. Die Rechenaufgabe wird von einem Schüler vorgelesen (eventuell muß sie der Lehrer wegen der unbekannten Schrift selber vorlesen!).
Der Lehrer macht noch keine Bemerkung über die Menschenverachtung, die aus der Aufgabenstellung spricht.

Danach wird die Aufgabe gerechnet. Unter Umständen sollte dies sogar an der Tafel geschehen. Dann erst sollten die Schüler, sofern sie nicht selber darauf gekommen sind, auf den makabren Inhalt aufmerksam gemacht werden.

Nach dem Rechnen sollen die Schüler die wahre Absicht der Rechenaufgabe erkennen:

Hier wird die Atmosphäre erzeugt, in der es möglich wird, Behinderte zu ermorden!

Unterrichtsverlauf	Methoden / Sozialformen
Phase 2 (Forts.)	<u>II. Textarbeit / Klassengespräch / Lehrerinformation</u> Medium: „Erinnerung“ aus „In den Netzen der Erinnerung“ von C. Stern (Mat. 14) Leitfragen: (nach dem Vorlesen des Textes durch einen Schüler) – Was sagt uns die Verfasserin über Willi? – Was ist mit Willi geschehen? – Warum ist der Kirchenpfleger Peters so erstaunt? – Warum wird die Leiche sofort eingeäschert? – Warum ist die Mutter „mutig“? <u>III. Bildbetrachtung / Klassengespräch / Lehrerinformation</u> Medium: Zeugnisse der Mordaktionen, Bild und Schreiben (Mat. 15) Leitfragen: (nach der Bildbetrachtung und dem stillen Lesen des Textes) – Was zeigt das historische Photo? – Was verbirgt sich hinter der Bezeichnung „Gekrat“? – Worum geht es bei dem Transport? – Wer gab die Anweisungen dazu? – Welches Schicksal erwartete die Behinderten? <u>IV. Lehrervortrag / Klassengespräch</u> Medium: Aus einem Brief der Mörder (Mat. I) Leitfragen: (nachdem der Lehrer den Brief vorgelesen hat) – Wer schrieb den Brief? – Wer war der Empfänger? – Woran starb Helen G.? – Glaubt ihr das? – Warum bekam der Vater nur die Urne?
Phase 3 Information über die „offizielle“ Beendigung der Tötungsaktionen	 <u>Lehrerinformation / Ergebnisfixierung / Tafelanschrieb / Hefteintrag</u>

Kommentare und Resultate

Ergebnis:

1. Eine lange vorbereitete Propaganda machte die Tötung körperlich und geistig behinderter Menschen im Dritten Reich möglich.
2. Diese Tötungen nannte man „Aktion Gnadentod“.
3. Es wurden etwa 250 000 Behinderte getötet.
4. Teilweise wurde diese Aktion durch den Widerstand der beiden großen Kirchen im Jahr 1941 eingedämmt.
5. Erst das Kriegsende im Mai 1945 brachte die völlige Beendigung der Euthanasie-Aktionen.

Der Lehrer teilt die Klasse in Gruppen zu zwei bis vier Schülern ein. Jeweils ein Schüler sollte pro Gruppe die Protokollführung übernehmen.
Der Lehrer erteilt den Arbeitsauftrag.
Es ist wichtig, daß die Gruppen ruhig und konzentriert arbeiten.
Unter Umständen werden die Schüler die „Leserbriefe“ zu Hause beenden.
Zu Beginn der folgenden Stunde sollten die einzelnen Arbeiten vorgelesen werden.
Falls einige Arbeiten sehr gelungen sind, könnte der Lehrer diese für die Klasse kopieren.

/1969 (Mat. 18)

Kommentare und Resultate

Vorlesen der „Leserbriefe" bedenken!

Die Phase 1 bereitet die geplante Bürgerversammlung vor. Die relativ ausführlichen Fragen dienen dazu, den Schülern ein möglichst konkretes Bild von dem Ort und dem Anliegen von Dr. Heuerle zu geben.
Der Lehrer liest den Brief vor. Er informiert im Gespräch die Schüler, daß
- ein Psychiater ein Facharzt für seelische Erkrankungen ist,
- ein Psychotherapeut ebenfalls seelische Krankheiten behandelt,
- Fürsteneck laut Postleitzahl in Bayern liegt. Passau auch.
- eine Erbengemeinschaft eine Gruppe von Menschen ist, die etwas gemeinsam geerbt haben,
- eine „Bürgerversammlung" eine demokratische Möglichkeit in unserem Staat ist, Bürgermeinung zu erfragen und zu diskutieren,
- Dr. Heuerle gegen die Meinung der Bevölkerung sein Vorhaben nicht ausführen will!

Mögliche Teilnehmer an der Bürgerversammlung:

- Bürgermeister
- Nachbarn von Seestraße 15
- Bauern
- Geschäftsleute
- Arzt
- Lehrer/Schüler/Rektor der Schule
- Pfarrer des Ortes
- Bewohner des Altenheimes
- Polizei des Ortes
- Hoteliers/Wirte/Leiter des Fremdenverkehrsvereins
- Vorsitzender des Sportvereins
- Bademeister des Hallenbades
- u.a. nach Vorschlag

Unterrichtsverlauf	Methoden / Sozialformen
Phase 1 (Forts.)	IV. Rollenverteilung
Phase 2 Die erste Spielrunde der Bürgerversammlung	Die erste Spielrunde (ohne Dr. Heuerle) „Bürgerversammlung“
Phase 3 (fakultativ) Die zweite Spielrunde: Die Bürgerversammlung mit Dr. Heuerle	I. Die zweite Spielrunde (mit Dr. Heuerle) Leitfragen: – Welche Fragen tauchten in der ersten Bürgerversammlung auf, die wir jetzt an Dr. Heuerle noch stellen müssen? – Welche Gruppe hatte die meisten Bedenken und will Dr. Heuerle noch speziell befragen? II. Lehrerinformation
Phase 4 Das Meinungsbild	Die Abstimmung Leitfrage: – Wer ist für den Antrag von Dr. Heuerle, – wer ist dagegen, – wer enthält sich der Stimme? Ergebnisfixierung

Kommentare und Resultate

Da die Schüler die Realität sicherlich nicht so erwartet haben, wie es in dem Bericht gemeldet wird, wird eine gründliche Bearbeitung notwendig sein.
Es sollte versucht werden, vor allem auch die Motive der Dorfbevölkerung für ihre Aktionen gegen die Behinderten gesprächsweise zu erarbeiten.
Diese Phase zielt auf die Betroffenheit der Schüler ab.

Kommentare und Resultate

Abrufen der Hausaufgabe nicht vergessen!

Der Lehrer führt das Gespräch rasch zum Thema „Schuheputzen".
Über die Empfindungen der Schüler sollte kurz gesprochen werden.

Dann leitet der Lehrer über zur Phase 2 mit der Behauptung:
„Jesus hat seinen Jüngern die ‚Schuhe geputzt'!"

I. Der Lehrer informiert seine Schüler darüber, daß „Schuhe putzen" vergleichbar ist mit der Sitte des „Füße Waschens" im Orient:
- Es war ein Zeichen der Gastfreundschaft.
- Es war ein Sklavendienst.
- Es war wohltuend und erfrischend für jeden Wanderer, der von draußen herein kam.
- Es gab dafür entsprechende Tonschüsseln mit einem Steg in der Mitte.

Ausführliche Sachinformationen finden sich in der Stundenverlaufsbeschreibung.

II. Der Bibeltext wird von einem Schüler vorgelesen, daran schließen sich die Fragen an. Sicherlich sind vielen Schülern das Passahfest und die Geschehnisse um das letzte Mahl Jesu mit seinen Jüngern bekannt. Die Fragen werden wohl schnell beantwortet werden können: Beim Passahfest feiern die Juden die Befreiung aus Ägypten. Wer nur irgend konnte, zog dazu nach Jerusalem. Jesus nahm sein letztes Mahl zusammen mit seinen Jüngern im Rahmen eines Passahmahles ein. Dabei vollzog er die Symbolhandlung der Fußwaschung,– übrigens auch an Judas, der ihn wenig später verriet! Da das Füßewaschen ein Sklavendienst war, wollte Petrus nicht, daß Jesus, der Herr, dieses an seinen Jüngern tat!

<u>Ergebnis</u> (gesprächsweise):

Jesus ist bereit, als Zeichen der Liebe zu den Seinen niedrigste Arbeiten zu verrichten. Mit der Fußwaschung will er ein Vorbild für seine Jünger abgeben: Christen sollen einander dienen, sich vor unangenehmen Hilfeleistungen nicht scheuen. Damit stehen sie in Jesu Nachfolge und handeln nach seinem Willen.

Unterrichtsverlauf	Methoden / Sozialformen
Phase 2 (Forts.)	III. Bildbetrachtung / Klassengespräch (fak.) Medium: Volkstümlicher Papierschnitt aus China (Mat. 19) Leitfragen: – Wer ist auf diesem Bild Jesus, wer ist Petrus? – Wer sitzt höher? – Wer hat das vornehmere Gewand an? – Wofür ist der Kreis ein Zeichen / Symbol?
Phase 3 (Schluß) Liedkatechese	Liedkatechese / Klassengespräch / gemeinsames Singen Medium: Lied „Das sollt ihr, Jünger Jesu, nie vergessen…“ (Mat. L) Leitfragen: – Was wird als Kennzeichen der Jünger Jesu genannt? – Woran erinnern Kelch und Brot? – Was hat dieses Lied mit der Fußwaschung Jesu zu tun? – Was stellt ihr euch unter „eine Herde“ in Strophe 3 vor?
	Hausaufgabe: Lernt zur nächsten Stunde das Lied auswendig!

Kommentare und Resultate

Abfragen bzw. Singen des Liedes nicht vergessen!

In dieser Phase sollen die Schüler erfahren, daß sie als Gruppe und als einzelne durchaus die Möglichkeit haben, Menschen, die in Not sind, zu helfen.
Die Vorschläge werden an der Tafel gesammelt, dann ins Heft übertragen.
Es wäre begrüßenswert, wenn der Lehrer mit seinen Schülern einen der Vorschläge in die Tat umsetzt! (Siehe Stundenverlaufsbeschreibung!)

Mögliche Vorschläge sind:

- Wir verkaufen Orangen!
- Wir sammeln alte Kleidungsstücke!
- Wir schicken alte Spiele, Briefmarken, alte Bücher oder Schreibmaschinen an ein Heim für Behinderte!
- Wir bestimmen das Opfer des Schülergottesdienstes oder den Reinerlös des Weihnachtsbasars/Schulfestes für einen karitativen Zweck!
- Wir sammeln Geld für „Terre des hommes“, „Brot für die Welt“ o. ä.!

Der Zehnte ist eine alte biblische und uralt christliche Tugend.
Der kurze biblische Exkurs soll die Schüler darauf aufmerksam machen.
In dieser Phase soll nicht nur belehrt werden, sondern vor allem sollen die Schüler motiviert werden, daß auch sie schon etwas zur Linderung von Not tun können und es auch tun sollten.

Unterrichtsverlauf	Methoden / Sozialformen
Phase 2 (Forts.)	Überleitungsfrage zu Phase 2 / II: – Wieviel Geld braucht man wohl, um einem Menschen in der „Dritten Welt“ das Augenlicht zu erhalten? II. Stillarbeit am Text / Klassengespräch Medium: Eine alarmierende Herausforderung (Mat. 20) Leitfragen: – Wieviel Geld braucht man in der „Dritten Welt“, um das Augenlicht zu erhalten? – Überlegt einmal, wie vielen Menschen ihr mit dem zehnten Teil eures Taschengeldes helfen könntet!
Phase 3 (Schluß) Begegnungen – auch eine Möglichkeit!	I. Textinterpretation / Klassengespräch Medium: „Seltsamer Schwimmunterricht“ von E. Meister (Mat. M) Leitfragen: (nach dem ersten Teil) – Wie würdet ihr reagieren? – Welche sinnvollen Vorschläge fallen euch ein? Abschlußfragen: (nach dem Vorlesen des zweiten Teils) – Wie findet ihr diese Reaktion der Lehrerin? – Könntet ihr euch so eine „Begegnung“ vorstellen? II. Klassengespräch Leitfragen: – Wo könnten wir Behinderten begegnen? – Sollen wir sie zu uns einladen, oder sollten wir sie zuerst einmal besuchen? – Wer ist bereit, Aufgaben zu übernehmen? – Wer bereitet eine solche „Begegnung“ mit vor? – Wer hat Kontakte zu Menschen, die eine solche „Begegnung“ möglich machen? u.a.

Kommentare und Resultate

I. Die Geschichte wird vom Lehrer bis zur angegebenen Unterbrechung vorgelesen. Das Ziel des Klassengesprächs liegt darin, möglichst gute pädagogische Vorschläge der Schüler dem Einfall der Schwimmlehrerin gegenüberzustellen

Am Schluß der Geschichte muß den Schülern klargeworden sein, wie wichtig die Begegnung für alle Beteiligten war.

II. Wenn die Schüler Freude daran gefunden haben, Behinderten zu begegnen, dann sollte eine solche „Begegnung" auch gemeinsam geplant werden.
Der Schluß dieser Stunde dient der Planung einer solchen Kontaktaufnahme.
In der Stundenbeschreibung finden sich Hinweise für die Durchführung und die Nacharbeit dieser „Begegnung".

15. Stunde: Was können wir tun?

Materialien und Medien:
- Eine alarmierende Herausforderung (Mat. 20)
- „Seltsamer Schwimmunterricht“ von E. Meister (Mat. M)
- Bibeln
- Anonyme Befragung (Mat. N)

Unterrichtsverlauf	Methoden / Sozialformen
Phase 1 Auch wir können etwas tun!	<u>Klassengespräch / Tafelarbeit</u> Leitfragen: – Welche Möglichkeiten haben wir, Menschen in Not zu helfen? – Womit könnten wir diesen Menschen Freude bereiten? – Was könnten wir tun, um Geld zu sammeln?
Phase 2 Der „Zehnte“ – auch eine Möglichkeit	<u>I. Klassengespräch / Bibelarbeit / Lehrerinformation</u> Medium: Bibel Leitfrage: – Es gibt Christen, die geben den „Zehnten“. Was könnte das wohl sein? Bibelarbeit: Bibelstelle 3. Mose 27 / 30 – 32 lesen Leitfragen: – Was alles zählt zum „Zehnten“? – Was wird wohl damit gemacht? – Was könnte das „sollen dem Herrn heilig sein“ bedeuten? – Was wäre euer „Zehnter“?

Kommentare und Resultate

III. Die Fußwaschung in dieser exotischen Form hat für Schüler ihren besonderen Reiz:

Petrus sitzt höher,
er trägt das vornehmere Gewand,
der Kreis als Zeichen der Vollkommenheit
würdigt die Fußwaschung in einzigartiger Weise.

Der Lehrer bringt für jeden Schüler ein Exemplar des Liedes mit.
Ein Schüler liest das Lied vor.
Je nach Lust und Können von Lehrer und Klasse sollte das Lied auch gesungen werden.

Als Kennzeichen der Jünger Jesu werden genannt:
- das brüderliche Beieinanderwohnen,
- die Stärkung der Gebeugten,
- die Schonung der Schwachen.

Das Lied erinnert an das letzte Mahl Jesu und an die Fußwaschung, wenn es die brüderliche Fürsorge betont und Über- und Unterordnung (= eine Herde) für Christen nicht gelten läßt.
Die Christen haben nur *einen* Herrn, Jesus!

14. Stunde: Diakonie als Nachfolge Jesu

Materialien und Medien:
- Volkstümlicher Papierschnitt aus China (Mat. 19)
- Bibeln
- Lied „Das sollt ihr, Jesu Jünger, nie vergessen…“ (Mat. L)

Unterrichtsverlauf	**Methoden / Sozialformen**
Phase 1 Motivation	<u>Klassengespräch</u> Leitfragen: – Welche Hausarbeit macht ihr am liebsten, welche am wenigsten gerne? – Wie geht es euch mit dem Schuheputzen?
Phase 2 Bibelarbeit über Johannes 13/1–17	<u>I. Klassengespräch / Lehrerreferat</u> <u>II. Bibelarbeit / Klassengespräch / Lehrerinformation</u> Leitfragen: – Was feiern die Juden beim Passahfest? – Wo feiern sie es? – Wer ist mit Jesus zusammen? – Wer ist Judas, wer Petrus? – Wie stellt ihr euch das Obergewand vor? – Warum will Petrus nicht, daß Jesus ihm die Füße wäscht? – Wie ist die Botschaft Jesu an seine Jünger?

12. und 13. Stunde: (Fortsetzung)
Das Spiel Fürsteneck

Unterrichtsverlauf	Methoden / Sozialformen
Phase 5 (Schluß) Nacharbeit	Textarbeit / Klassengespräch Medium: Zeitungsmeldung „Fürsteneck, Grafeneck und anderswo“ aus „Konsequenzen“ 6/1969 (Mat. 18) Leitfragen: (nach dem stillen Lesen) – Was geschah wirklich in Fürsteneck? – Was war in der Wirklichkeit anders als bei unserem Spiel? – Welche Gründe werden für das Vorgehen gegen die Behinderten von den Leuten genannt? – Was sollen die Behinderten nach der Meinung der Dorfbewohner machen?
	Hausaufgabe: „Schreibt an den Bürgermeister von Fürsteneck einen Brief, in dem ihr eure Meinung zu dem Behindertenheim im Kurort Fürsteneck begründet.“

Kommentare und Resultate

IV. Bei der Rollenverteilung wird der Lehrer u. U. etwas eingreifen müssen. Eventuell muß er Vorschläge machen, vielleicht sogar gewisse Schüler bitten, bestimmte Rollen zu übernehmen.

Der Bürgermeister leitet die Bürgerversammlung, führt die Rednerliste und sorgt u. U. für Ruhe und Disziplin. Dies sollte der Lehrer vorher mit dem „Bürgermeister" besprochen haben!
In der Bürgerversammlung kann sich jeder Teilnehmer mit Rede und Gegenrede zu Wort melden.
Die beiden Protokollanten formulieren ihre Protokolle zu Hause, damit sie dann für alle Schüler vervielfältigt werden können.
U. U. muß der Lehrer die Protokolle überarbeiten und abtippen.
In der folgenden Stunde werden sie verteilt und dienen als Grundlage für eine kurze Wiederholung.

Dieser Teil soll die noch offenen Fragen der Phase 2 aufnehmen und möglichst beantworten.

Normalerweise muß der Lehrer die Rolle des antwortenden Arztes übernehmen. Die Fragen sollten möglichst sachgemäß beantwortet werden. Unter Umständen können die Schüler einiges auch selber beantworten und die Antworten des „Arztes" ergänzen.
Im Ausnahmefall – was eine Bereicherung des Unterrichts wäre – kann ein qualifiziertes Elternteil (Mediziner o. ä.) die Rolle des Fachmanns übernehmen. Dies müßte rechtzeitig mit dem entsprechenden Elternteil abgesprochen werden.

Der Lehrer übernimmt die Abstimmung. Er selber sollte nur Schriftführer sein und keine eigene Stimme haben.

Das Ergebnis der Abstimmung soll im Heft unter den „pro"- und „contra"-Argumenten festgehalten werden.

12. und 13. Stunde: Das Spiel Fürsteneck

Materialien und Medien:

- Zum Spiel Fürsteneck: Stadtplan (Mat. 16)
  Brief an den Bürgermeister (Mat. 17)
- Zeitungsmeldung „Fürsteneck, Grafeneck und anderswo“ aus „Konsequenzen“
- Fakultativ: Je eine Protokollvorlage zum „pro-“ und „contra“-Antrag (Mat. K)

Unterrichtsverlauf	**Methoden / Sozialformen**
Phase 1 Die Vorbereitung des Spiels	<u>I. Spielvorbereitung: Das Anliegen</u> Medium: Brief an den Bürgermeister (Mat. 17) Leitfragen: (nach dem Vorlesen) - Was ist ein Psychiater, was ein Psychotherapeut? - Gibt die Postleitzahl einen Hinweis, wo Fürsteneck liegt? - Wo liegt Passau? - Was ist eine Erbengemeinschaft? - Was will Dr. Heuerle? - Was ist eine Bürgerversammlung? - Nennt Gründe, weshalb Dr. Heuerle die Meinung der Bewohner so wichtig ist! <u>II. Spielvorbereitung: Der Ort</u> Medium: Stadtplan Fürsteneck (Mat. 16) Leitfragen: - Wo ist das Zentrum des Ortes? - Wo soll das Behindertenheim entstehen? - Welche wichtigen Gebäude sind in der Nähe der Seestraße 15? <u>III. Spielvorbereitung / Die Bürger</u> Klassengespräch / Heftnotizen Leitfrage: Wer sollte bei der Bürgerversammlung zum Problem „Behinderte im Kurort“ Stellung nehmen?

10. und 11. Stunde: (Fortsetzung)
Behinderte in dunkler Zeit

Unterrichtsverlauf	Methoden / Sozialformen
Phase 3 (Forts.)	
Phase 4 Verarbeitung der Thematik durch eine Arbeit in Gruppen	<u>I. Gruppenarbeit</u> Arbeitsaufgabe: „Während ihr auf dem Abenteuerspielplatz seid, kommt eine Mutter mit einem behinderten Kind. Ihr hört, wie ein älterer Mann sich abwendet und fortgeht mit der Bemerkung: ‚Was hat die denn hier zu suchen? Das wäre unter Hitler nicht passiert!' Schreibt in Gruppen zu zweit bis viert einen Leserbrief an die Zeitung!" <u>II. Vorlesen der „Leserbriefe"</u> (eventuell in der folgenden Stunde)

Kommentare und Resultate

II. Diese Arbeit an Hand eines biographisch-historischen Textes sollte einen relativ kleinen zeitlichen Rahmen einnehmen und nur auf die Ereignisse hinführen, die als nächster Schritt erarbeitet werden sollen.

Es genügt, wenn die Ergebnisse verbalisiert werden:

- Willi ist geistig behindert.
- Willi wurde ermordet.
- Der Kirchenpfleger Peters ahnt die Ermordung.
- Die Einäscherung dient der Vertuschung.
- Die Mutter widersetzt sich der Vertuschung.

III. Dieser Teil wird still und konzentriert durchgeführt.
Die Schüler werden sicherlich die Bedeutung des Bildes und des Erlasses erkennen und zum größten Teil betroffen sein.
Einige werden den Lehrer u.U. nach dem Wahrheitsgehalt befragen:
Stimmt das wirklich, daß eine staatliche Stelle und eine „Gemeinnützige Kranken-Transport GmbH" die Morde an Behinderten plante und durchführte?
Der Lehrer informiert kurz, daß
- die Behinderten in gesonderte Anstalten zur Tötung gebracht wurden,
- die Anweisung von den obersten Spitzen des Dritten Reiches kam,
- das Schicksal der Behinderten in ihrer „Vernichtung" bestand.

Diese Stunde ist sehr arbeitsintensiv. Deshalb sollte man versuchen, wenigstens durch Methodenwechsel die Schüler vor Ermüdungserscheinungen zu bewahren.
Das Klassengespräch sollte nicht zu lange ausgedehnt werden.
Die Schüler sollen erfahren, daß
- der Brief von der Anstaltsleitung kam,
- der Empfänger der Vater einer behinderten Tochter war,
- Helene angeblich an einer Blutvergiftung starb,
- die Verbrennung der Leiche jede Spur eines Verbrechens verdeckt.

Auf Grund der Lehrerinformation sollten folgende Ergebnisse zuerst an der Tafel und dann im Heft festgehalten werden:

10. und 11. Stunde: Behinderte in dunkler Zeit

Materialien und Medien:
- Rechenaufgabe im Dritten Reich, 1935 (Mat. 13)
- „Erinnerung“ aus „In den Netzen der Erinnerung“ von C. Stern (Mat. 14)
- Zeugnisse der Mordaktionen, Bild: Die Reichspostbusse und Schreiben des Wü
- Aus einem Brief der Mörder (Mat. I)

Unterrichtsverlauf	**Methoden / Sozialformen**
Phase 1 Problemanzeige über den Begriff „Euthanasie“	Klassengespräch / Lehrerinformation Leitfrage: – Im Text der letzten Stunde tauchte das Wort „Euthanasie“ auf. Weiß jemand noch, was es bedeutet oder bedeutet hat? Ergebnisfixierung / Lehrerdiktat / Hefteintrag
Phase 2 Zur „Aktion Gnadentod“ im Dritten Reich	I. Klassengespräch über eine Rechenaufgabe Medium: Rechenaufgabe im Dritten Reich, 1935 (Mat. 13) Leitfrage: – Wer rechnet die Aufgabe vor? Leitfragen: (nach dem Rechnen) – Mit was für Beispielen rechnet ihr in eurem Mathematikunterricht? – Fällt euch bei unserer Aufgabe etwas auf? – Womit wird hier gerechnet? – Könnt ihr euch denken, was man indirekt mit dieser Aufgabe den Schülern im Jahre 1935 sagen wollte? – Was hat diese Aufgabe mit der Tötung von Behinderten zu tun?

9. Stunde: Wir lernen eine Gruppe von Behinderten kennen: Die Spastiker

Materialien und Medien:
- Film von S. Nowakowski „Nicht mehr versteckt“ (BRD 1972, Farbe, 30 Minuten)
- Arbeitsblatt zum Film (Mat. H)
- Eine Zeitungsmeldung aus „Konsequenzen“ 6/1969 (Mat. 12)

Unterrichtsverlauf	**Methoden / Sozialformen**
Phase 1 Verdeutlichung der Situation von Behinderten anhand des Films „Nicht mehr versteckt“	I. Lehrerinformation zum Film II. Filmvorführung Medium: Film von S. Nowakowski „Nicht mehr versteckt“, BRD 1972, 30 Minuten, Farbe
Phase 2 Nacharbeit des Films	<u>I. Klassengespräch</u> Leitfragen: – War es sehr unangenehm, den Film anzusehen? – Welche Szene hat euch die größten Schwierigkeiten gemacht? – Welche Gefühle hattet ihr bei der langen Kameraeinstellung in der Szene mit der Schachspielerin? – Könnt ihr euch vorstellen, daß Spastiker immer wieder für betrunken gehalten werden? <u>II. Stillarbeit oder Partnerarbeit / Klassengespräch</u> Medium: Arbeitsblatt zum Film (Mat. H) <u>Ergebnisvergleich</u>
Phase 3 Eine Zeitungsmeldung	Abschließendes <u>Klassengespräch</u> Medium: Eine Zeitungsmeldung aus „Konsequenzen“ 6/1969 (Mat. 12) Leitfragen: – Woher kommt die Angst vor Behinderten? – Was befürchten die Leute? – Gibt es Gründe für die in der Zeitung angeführten Ängste und Meinungen? – Was bedeutet das Wort „Euthanasie“?

Auf Grund der Geschichte und der Informationen des Lehrers sollte folgende Information von den Schülern übernommen werden:

<u>Der Spastiker:</u>

1. Die zerebrale Bewegungsstörung – auch „spastische Lähmung" genannt – gehört zu den häufigsten Behinderungen.
2. Sie wird durch Sauerstoffmangel vor, während und nach der Geburt verursacht. Durch Sauerstoffmangel von ca. 3–5 Minuten wird als erstes das Bewegungszentrum des Gehirns geschädigt oder zerstört.
3. Die Behinderung äußert sich in Verkrampfungen der Muskulatur und unkontrollierten Bewegungen.
4. Bei 1000 Neugeborenen rechnet man mit zwei bis drei Spastikern.
5. Die spastische Behinderung ist nicht erblich, noch bekommt man sie durch Ansteckung!
6. Spastiker sind weder gemeingefährlich noch grundsätzlich geistig behindert!
7. Jeder von uns kann noch zu einem Spastiker werden, z. B. durch einen Badeunfall!

8. Stunde: Umgang mit Behinderten

Materialien und Medien:
– Geschichte von M. L. Elling „Der Streit um den Rollstuhlschieber“ (Mat. G)

Unterrichtsverlauf	Methoden / Sozialformen
Phase 1 Kennenlernen eines Aspektes der Behindertenproblematik an Hand einer Kurzgeschichte	<u>Interpretation einer Kurzgeschichte</u> Medium: Geschichte von M. L. Elling, „Der Streit um den Rollstuhlschieber“ (Mat. G) Leitfragen: (nach dem Vorlesen der Geschichte durch den Lehrer) – Wer ist im Recht, Martin oder Theo? – Warum nahm Martin seinen Bruder mit zum Fußballfeld? – Warum macht Daniel solche Faxen? – Einer bietet eine Lösung an: Anstalt! Ist das eine Lösung? – Wie hätte sich Martin verhalten sollen? – Wie wird der Lehrer reagieren? – Was wird der Lehrer mit der Klasse machen? Macht Vorschläge!
Phase 2 Erarbeitung von Regeln für den Umgang mit Behinderten	<u>Gruppenarbeit</u> mit gegenseitiger Korrektur Arbeitsauftrag: „Erarbeitet in Gruppen 4 bis 5 Regeln, wie ihr mit Behinderten umgehen könntet!“ <u>Ergebnisfixierung / Tafelanschrieb / Hefteintrag</u> <u>Hausaufgabe:</u> Regeln lernen!

7. Stunde: (Fortsetzung)
Behinderte – Menschen wie du und ich

Unterrichtsverlauf	Methoden / Sozialformen
Phase 3 (Schluß)	Informationen in Auswahl als Hefteintrag II. Bildbetrachtung / Klassengespräch Medium: Bildcollage „Jeder ist ein Teil des Ganzen“ (Mat. 11) Leitfragen: – An welchen Behinderungen leiden die abgebildeten Kinder? – Was empfindet ihr, wenn ihr euch die Gesichter anguckt? – Könntet ihr euch behinderte Kinder als Spielkameraden vorstellen?

Kommentare und Resultate

Das Klassengespräch läßt sich am besten einleiten, wenn der Lehrer selber Brillenträger ist.
Wenn man einen brilletragenden Schüler als Gesprächsimpuls herausgreift, wird dies normalerweise nicht als Beleidigung oder Provokation empfunden.
Man sollte aber eine gewisse Vorsicht nicht außer acht lassen!
Der Schüler wird vermutlich zunächst einmal erstaunt sein, dann eventuell die Behauptung zurückweisen.
Das Gespräch beginnt.

Mögliches Gesprächsergebnis:
(in Auswahl als Hefteintrag vorstellbar)

- Viele Menschen sind in mancher Weise behindert.
- Die häufigsten Behinderungen sind:
  Sehschwäche,
  Heuschnupfen und andere Allergien,
  Häufige Krankheitsanfälligkeit,
  Lernschwächen.
- Es gibt leichte und schwere Behinderungen.
- Die Grenze ist fließend.
- Behindert zu sein ist häufig nichts Auffälliges und erst recht keine Schande!

Da es äußerst schwierig ist, genaue Zahlen über Behinderte und Behinderungen zu bekommen, muß der Lehrer davon ausgehen, daß er kaum Zahlen nennen kann. Die Quellen zu den folgenden Angaben sind der Stundenverlaufsbeschreibung zu entnehmen.

Informationen über Behinderungen

1. In der Bundesrepublik leben über 7 Millionen Menschen, die in irgend einer Weise behindert sind. Ihre Zahl steigt.
2. Die Ursachen für Behinderungen sind:
   - Vorgeburtliche Schädigungen, z.B. durch Krankheit der Mutter,
   - Schädigung beim Geburtsvorgang,
   - Medikamenten- und Drogenmißbrauch während der Schwangerschaft,
   - Defektheilungen,
   - Vererbung,
   - Unfälle, vor allem im Verkehr,
   - Krankheiten,
   - Alterserkrankungen.
3. Die Zunahme ist vor allem durch Unfälle und Defektheilungen bedingt.

7. Stunde:
Behinderte – Menschen wie du und ich?

Materialien und Medien:
- Text von Chr. Planck „Gebet eines gelähmten Jungen“ (Mat. 10)
- Bildcollage „Behinderte“ (Mat. 11)

Unterrichtsverlauf	**Methoden / Sozialformen**
Phase 1 Sensibilisierung für die Situation von Behinderten	I. Stillarbeit mit Arbeitsauftrag „Notiert in euren Heften / Ordner 6 Wünsche, wie man es manchmal in einem Märchen tun darf! Numeriert eure Wünsche und schreibt sie untereinander auf die linke Spalte des Blattes!“ II. Kurzes Klassengespräch über die vorgetragenen Wünsche Leitfrage: – Wer hat Wünsche notiert, die man nicht kaufen kann? III. Textarbeit / Klassengespräch Medium: Chr. Planck „Gebet eines gelähmten Jungen“ (Mat. 10) Leitfragen: – Was wünscht sich der Verfasser des Gebets? – Wo sind seine Wünsche den euren ähnlich? – Welche Wünsche hättet ihr erwartet? – Was ist das Besondere, wenn ihr eure Wünsche mit denen des gelähmten Jungen vergleicht? Ergebnisfixierung / Hefteintrag des Tafelanschriebs und des Lehrerdiktats

6. Stunde: (Fortsetzung)
Diakonie heute

Unterrichtsverlauf	**Methoden / Sozialformen**
Phase 3 (Schluß) Wir helfen der Diakonie	Stillarbeit Medium: Fotokopie eines 20-DM-Scheines (Mat. F) Arbeitsauftrag: „Ihr habt 20 DM und wollt die Diakonie unterstützen. Für welches Aufgabenfeld wollt ihr euer Geld zur Verfügung stellen? Begründet auf der Rückseite der Fotokopie, warum ihr gerade diesem Aufgabenfeld eure 20 DM gegeben habt!“
	Hausaufgabe: „Erstellt aus dem Informationsmaterial des Diakonischen Werkes eine Collage in eurem Heft / Ordner. Gebt eurer Arbeit den Titel: „So arbeitet die Diakonie!“

Kommentare und Resultate

Der Hefteintrag sollte diese Gedanken aufnehmen:

Ergebnis:

- Das Erkennungszeichen der Diakonie ist das Kronenkreuz.
- Das Kreuz will uns an Jesu aufopferndes Leiden und Sterben erinnern, seinen Einsatz gegen Not und Leid.
- Die Krone weist auf seine Auferstehung hin, auf seinen Sieg über Leid, Schmerz und Not.
- In der Diakonie geht es auch um den Kampf gegen das Leid und die Not der Menschen.

II. Den Schülern sollte auf Grund des sich anschließenden Gespräches klar werden, daß
- das Abnehmen von Belastungen dem anderen wieder Raum zum Atmen gibt,
- der andere sich erholen kann,
- der vorher Belastete Kraft zum Weitertragen gewinnen kann,
- das Abnehmen von Lasten schwer fällt und belastet.

Ergebnis:

- Als Regel für das Verhalten von Christen im Umgang mit Hilfsbedürftigen dieser Welt gilt der Satz von Paulus aus dem Galaterbrief (6/2):

  „Einer trage des anderen Last".
- Wenn wir anderen Menschen Lasten abnehmen, geben wir ihnen neue Kraft,
- berufen wir uns auf Jesus, der uns versprochen hat, uns dabei Kraft zu geben.

III. Nach dem stillen Durchlesen des Materialblattes mit den vielfältigen Aufgabenfeldern der Diakonie sollte der Lehrer je nach Kenntnisstand seiner Klasse die verschiedenen Felder erarbeiten.

Die Information soll gesprächsweise erfolgen, ohne daß das Ergebnis schriftlich festgehalten werden muß.

6. Stunde: Diakonie heute

Materialien und Medien:
- Informationsmaterial des Diakonischen Werkes
- Aufgabenfelder der Diakonie (Mat. 9)
- Fotokopie eines 20-DM-Scheines (Mat. F)

Unterrichtsverlauf	Methoden / Sozialformen
Phase 1 Einblicke in die Diakonie von heute	I. Abrufen der Hausaufgabe aus der 4. Stunde: Die Schüler berichten lassen II. Stillarbeit / Partnerarbeit Medium: Informationsmaterial des Diakonischen Werkes Aufgabe: – Was wird in der Diakonie gemacht? III. Kurzberichte der Schüler, eventuell Gespräch
Phase 2 Differenziertes Erarbeiten diakonischer Arbeit	I. Klassengespräch / Lehrerinformation Medium: Das Kronenkreuz (auf dem Informationsmaterial des Diakonischen Werkes). Leitfragen: – Welche beiden Symbole kann man als Zeichen erkennen? – Könnt ihr die Bezeichnung „Kronenkreuz“ deuten? – Was will dieses Symbol der Diakonie ausdrücken?

Kommentare und Resultate

5. Stunde: (Fortsetzung)
Ein Beispiel aus der Geschichte der Diakonie: Johann Hinrich

Unterrichtsverlauf	**Methoden / Sozialformen**
Phase 3 (Forts.)	II. Bildbetrachtung / Klassengespräch / Lehrerinformation Medium: Fotografie von Terre des hommes „Die kleinen Sklaven“ (Mat. 7) Leitfragen: – Was machen die Kinder? – Für wie alt haltet ihr sie? – Dürft ihr schon bezahlte Arbeit annehmen? – Wie alt müßtet ihr sein? – Wer bestimmt, ab wann und wie lange ihr arbeiten dürft? III. Textlektüre / Lehrerinformation Medium: Text zum Jugendarbeitsschutzgesetz (Mat. 8) Leitfragen: – Ab wann dürft ihr eigentlich arbeiten? – Wie lange dürft ihr arbeiten? – Warum gibt es eine Regelung durch staatliche Gesetze bei uns? Ergebnisfixierung (in 2 Phasen) Lehrerdiktat / Hefteintrag (Satz 1 und 2)
Phase 4 (Schluß) Sozialdiakonie – eine kirchliche Aufgabe	Schlußgespräch Leitfrage: – Hat die Kirche die Aufgabe, sich um soziale Gesetze wie z. B. die Kinderarbeit zu kümmern? Ergebnisfixierung (3. Satz)

Kommentare und Resultate

Nach einem kurzen Austausch über das Aussehen Wicherns (die Schüler könnten dabei zu der Vermutung kommen, es handele sich um einen reichen Fabrikbesitzer!) sollte eine knappe Information über das Leben Wicherns erfolgen (siehe Stundenverlaufsbeschreibung!). Es erscheint sinnvoll, sich auf seine Jugend bis hin zur Gründung des „Rauhen Hauses" und die ersten Erfolge dort zu beschränken, wobei ein kurzer Hinweis auf die Gründung der „Inneren Mission" genügt.
Weitergeführt wird diese Phase mit der Bildbetrachtung und der Ergebnisfixierung.

<u>Ergebnis:</u>

1. Johann Hinrich Wichern wurde 1808 in Hamburg als Ältester von 7 Geschwistern geboren.
2. Als er 16 Jahre alt war, starb sein Vater. Nun mußte er Mutter und Geschwister versorgen.
3. Er arbeitete schon als Schüler als Erzieher in einem Heim, später ermöglichten es ihm reiche Gönner, Theologie zu studieren.
4. Seine besondere Sorge galt den verwahrlosten und armen Kindern. Freunde stellten ihm ein altes Bauernhaus vor den Toren von Hamburg zur Verfügung.
5. 1833 zog Wichern zusammen mit seiner Mutter und 14 verwahrlosten Jungen in dieses Haus ein. Das „Rauhe Haus" – so genannt nach dem Vorbesitzer Ruge – wurde im Laufe der Jahre zu einem großen Heim für hilfsbedürftige Kinder.
6. J.H. Wichern wurde 1848 zum Begründer der „Inneren Mission" in Deutschland.
7. Er rief Organisationen ins Leben, die sich um Gefangene, Obdachlose, Auswanderer, Gesellen auf der Wanderschaft, Soldaten u.a. kümmerten.
8. 1881 starb er nach langer Krankheit.

Es könnte sein, daß die Schüler über dieses Thema durch eigene Lektüre oder durch Medien schon etwas wissen.
Dennoch wird sie die Fotografie aus dem Jahr 1979 erstaunen, vielleicht sogar Protestreaktionen hervorrufen: „Das stimmt nicht, das kann nicht wahr sein!"

5. Stunde: Ein Beispiel aus der Geschichte der Diakonie: Johann Hinrich

Materialien und Medien:
- Fotografie „Kinderarbeiter um 1850" (Mat. 4)
- 2 Texte zur Kinderarbeit (Mat. 5)
- 3 Bilder zu J.H. Wichern und das „Rauhe Haus" (Mat. 6)
- Fotografie von Terre des hommes „Die kleinen Sklaven" (Mat. 7)
- 1 Text zum Jugendarbeitsschutzgesetz (Mat. 8)
- Rätsel (Mat. E)

Unterrichtsverlauf	Methoden / Sozialformen
Phase 1 Kinderarbeit im 19. Jahrhundert	<u>I. Bildbetrachtung / Klassengespräch / Lehrerinformation</u> Medium: Fotografie „Kinderarbeiter um 1850" (Mat. 4) Leitfragen: – Warum stehen die Kinder zusammen? – Beschreibt ihre Gesichter! – Wie alt sind die Jungen? – Warum müssen sie schon arbeiten? – Wißt ihr, wo sie gearbeitet haben? <u>II. Textarbeit / Klassengespräch / Lehrerinformation</u> Medium: 2 Texte zur Kinderarbeit (Mat. 5 a/b) Leitfragen: – Wie lange müssen die Kinder arbeiten? – Wie viele Stunden geht der Junge am Tag zur Schule, wie lang ist seine Mittagspause, wieviel Zeit hat er zum Schlafen? – Wie lange könnt ihr nachts schlafen? – Wie hoch ist der Verdienst? – 1 Pfund Butter kostete damals etwa 90 Pfg. Wieviel Butter konnte die Mutter vom Monatslohn ihres Sohnes kaufen? – Warum hat man den Kindern wohl einen Blechnapf um den Hals gehängt? <u>Ergebnisfixierung / Lehrerdiktat / Hefteintrag</u>

4. Stunde: (Fortsetzung)
Die Entstehung der Diakonie

Unterrichtsverlauf	Methoden / Sozialformen
Phase 2 (Schluß)	Ergebnisfixierung / Diktat und Hefteintrag
	Hausaufgabe für die 6. Stunde: „Erkundigt euch bei eurem Gemeindepfarrer oder bei der Diakoniestation/Gemeindeschwester danach, welche diakonischen Arbeiten bei ihnen getan werden! Bittet euren Pfarrer um Informationsmaterial zum Thema „Diakonie“.

2. Ergebnis:

Wer anderen dient, muß sich keineswegs schämen!

I. Der Lehrer sollte die vorgeschlagene Erzählhilfe vorlesen oder, was sicherlich für die Schüler interessanter ist, selber eine eigene Erzählung formulieren.
Vorbemerkung: Bei den Agapefeiern handelt es sich um ein abendliches Zusammenkommen zum gemeinsamen Essen, Beten und Singen in den Häusern.

II. Vermutlich wird die Bibelarbeit eine Fülle von Informationen vom Lehrer erfordern. Man wird nur im Einzelfall davon ausgehen können, daß die Schüler über eigenes Wissen verfügen.

In der Stundenverlaufsbeschreibung finden sich ausführliche Sachinformationen zur Situation der frühen christlichen Gemeinde.

Der Lehrer weist die Schüler darauf hin, daß
- die Entstehung der frühen Gemeinde (Urgemeinde) in die Zeit des ersten Pfingstfestes fällt um das Jahr 30 oder 33 n. Chr. (vgl. Apg. 2),
- die Jünger für Judas, den Verräter, Matthias durch Los als zwölften in den Jüngerkreis hinzuwählten,
- es in der Urgemeinde verschiedene Gruppierungen gab, wie z. B. die ehemaligen Juden, deren Sprache das Hebräische (als Sprache der Bibel) und das Aramäische (als Umgangssprache) war und die ehemaligen Heiden, die griechisch sprachen,
- das Zusammenleben nicht immer einfach war, aber daß man versuchte, alles gemeinsam zu besitzen,
- die Apostel die Aufgabe der Wortverkündigung hatten,
- die Situation der Witwen, sofern sie keine Familie im Hintergrund hatten, sehr schlecht war,
- es sicherlich klug war, Männer als Streitschlichter zu bestimmen, die zudem noch griechisch sprachen.

4. Stunde: Die Entstehung der Diakonie

Materialien und Medien:
- Bibeln
- Erzählhilfe „Streit in der Urgemeinde“ für die Hand des Lehrers (Mat. D)

Unterrichtsverlauf	**Methoden / Sozialformen**
Phase 1 Hinführung und Information	I. Klassengespräch Leitfragen: – Was ist ein Minister? – Welche Aufgaben hat er? – Wo arbeitet er? – Kennt ihr einen Minister mit Namen? – Wer weiß, was ein Diakon macht? – Welche Arbeit verrichtet ein Diener? – Was heißt „Diener“ im Englischen? – Gibt es Unterschiede im Ansehen eines Dieners und eines englischen Butlers? II. Weiterführendes Klassengespräch Leitfragen: – Welchen der drei Berufe würdet ihr wählen, wenn ihr euch entscheiden müßtet? – Was bevorzugt ihr? – Welcher der drei Berufe ist bei uns am meisten geachtet? – Wer verdient wohl das meiste Geld? III. Lehrerinformation

Kommentare und Resultate

Der Lehrer muß damit rechnen, daß seine Schüler auch Gruppen nennen, die Jesus in Frage gestellt hat, wie z. B. Pharisäer oder Schriftgelehrte.

II. Bei diesem Schritt der Phase 3 sollen die Schüler angeregt werden, sich eine sicherlich schon bekannte Geschichte aus dem Neuen Testament in Erinnerung zu rufen.
In der Regel macht es ihnen Spaß, gemeinsam und einander helfend eine biblische Geschichte nachzuerzählen.
Nur wenn das Nacherzählen nicht möglich ist, sollte auf den biblischen Text zurückgegriffen werden.

Die Lehrerinformation und das Schülergespräch sollten zu folgendem Ergebnis führen:

Mögliches Ergebnis:

1. Die Samariter leben in der Stadt Samaria und ihrer Umgebung.
2. Sie werden von den Juden verachtet, weil sie vom reinen jüdischen Glauben abgewichen waren und sich mit anderen Völkern vermischt hatten.
3. Ein Levit ist ein Angehöriger aus dem Stamm Levi. Er tut zusammen mit den Priestern am Tempel in Jerusalem seinen Dienst.
4. Jericho ist eine fruchtbare Oase im Jordangraben und eine der ältesten Städte der Welt. Die Stadt war ein wichtiger Handelsplatz zur Zeit Jesu und liegt 27 km von Jerusalem entfernt.
5. Wenn Jesus gerade die Samariter als Vorbild hinstellt, will er seinen Zuhörern sagen: „Ihr könnt den Samaritern vertrauen! Dieser Mann, den ihr verachtet, hat geholfen; er gab sein Geld her und fühlte sich für den jüdischen Kaufmann verantwortlich, der eigentlich sein Feind ist!"

3. Stunde:
Jesu Umgang mit Außenseitern

Materialien und Medien:
- Kurzgeschichte von M. Pellegrini: „Hau ab, Zigeuner“ (Mat. C)
- Bibeln

Unterrichtsverlauf	Methoden / Sozialformen
Phase 1 Besprechen der Hausaufgabe	
Phase 2 Sensibilisierung für die Situation von Verachteten	Textarbeit / Klassengespräch Medium: Kurzgeschichte von M. Pellegrini „Hau ab, Zigeuner“ (Mat. C) Die Geschichte wird in 2 Abschnitten vorgelesen! Einstiegsfrage (Nach dem Vorlesen bis „... Immer noch weinend, auf José“): – Wie wird der Vater des Jungen reagieren? Leitfragen: (Nach dem Vorlesen des Schlusses): – Könnt ihr euch denken, weshalb der Vater so reagiert? – Was hat der Vater wohl gegen die Zigeuner? – Wo wird in der Geschichte etwas davon gesagt, wie José seine Situation als Zigeuner erlebt?
Phase 3 Bibelarbeit: Jesu Erzählung vom barmherzigen Samariter, Lukas 10/30-37	I. Freies Gespräch Leitfrage: – Sind euch Menschen aus der Zeit Jesu bekannt, die verachtet waren?

2. Stunde: (Fortsetzung)
Außenseiter II: Gastarbeiterkinder

Unterrichtsverlauf	Methoden / Sozialformen
Phase 3 (Schluß)	II. Bibelarbeit / Klassengespräch Medium: Bibel, 3. Mose 19/33 u. 34 Leitfragen: (nach dem lauten Vorlesen des Bibeltextes) – Von welchen Fremden spricht das 3. Mosebuch? – Wie soll man mit diesen Fremden umgehen? – Welche Gründe werden für das freundliche Verhalten Fremden gegenüber genannt? – Was meint „in Ägypten in der Fremde“? Ergebnisfixierung / Diktat / Hefteintrag
	Hausaufgabe: Übertragt die Bibelstelle 3. Mose 19/33 u. 34 in unsere Situation!

II. Diese wichtige Textarbeit soll den Schülern zum einen die Auswirkungen von Vorurteilen und Dummheit deutlich machen, zum anderen sollen sie erfahren, wie wichtig die Aufgaben sind, die die Gastarbeiter bei uns übernommen haben.

Die Ergebnisse von Phase 2 könnten fakultativ und in Auswahl von den Schülern nach Diktat des Lehrers in die Hefte/Ordner übernommen werden.

Mögliche Ergebnisse:

1. Wir haben keinen Grund, uns über die Gastarbeiter zu erheben, denn wir kennen ihre Sprache und Sitten viel zu wenig.
2. Auch wenn sie uns durch ihre fremde Art manchmal stören, dürfen wir nicht vergessen, daß auch wir sie mit unserer Art stören und daß wir einander brauchen.
3. Sie erledigen bei uns wichtige Arbeiten wie z. B.:
   - Arbeit in den Fabriken, der Autoindustrie und auf dem Bau,
   - als Bedienungen und Köche in Restaurants und Hotels,
   - als Putzhilfen in Schulen und Krankenhäusern,
   - bei der Müllabfuhr und der Straßenreinigung.
4. Wenn die Gastarbeiter die Bundesrepublik verlassen würden, gäbe es bei uns große Versorgungsschwierigkeiten.

I. Im freien Klassengespräch sollen die Schüler alttestamentliche Geschichten vom Leben in der Fremde nacherzählen: Abraham bei Pharao, Joseph in Ägypten, Israel im Land der Knechtschaft, Ruth in Moab.

2. Stunde:
Außenseiter II: Gastarbeiterkinder

Materialien und Medien:
- Lied von F. Vahle: „Ayşe und Jan“ (Mat. 2)
- Karikatur von Chr. Sandberger „Spaggedifresser“ (Mat. 3)
- Text von W. Brock: „Tierfreund“ (Mat. B)
- Bibeln

Unterrichtsverlauf	Methoden / Sozialformen
Auswertung der Hausaufgabe	Klassengespräch über die Anzeigen, die die Schüler mitgebracht haben. Leitfragen: – Welche Mietergruppen werden nicht erwünscht? – Welche Gründe vermutet ihr?
Phase 1 Die Gastarbeiterproblematik am Beispiel der Gastarbeiterkinder	Textarbeit / Klassengespräch Medium: Lied von F. Vahle: „Ayse und Jan“ (Mat. 2) Leitfragen: – Warum spielen die Kinder nicht miteinander? – Woran denken die Eltern, wenn sie das gemeinsame Spielen verbieten? – Nennt Gründe, weshalb Jan den Stein wirft. – Jans Vater denkt „Wie komisch“. Warum wohl? – Wenn es im Lied heißt: „Von Kindern da kann man was lernen.“ – Was könnte Jans Vater gelernt haben?
Phase 2 Vertiefung des Themas in drei Schritten	Als Auftakt bittet der Lehrer seine Schüler, das Wort Spaghetti in ihr Heft zu schreiben. Kurzes Gespräch, wie man das Wort richtig schreibt. I. Bildbetrachtung / Klassengespräch Medium: Karikatur von Chr. Sandberger „Spaggedifresser“ (Mat. 3)

Kommentare und Resultate

Am Ende muß klar sein, daß Zwangsmaßnahmen diesen Menschen nicht weiterhelfen, sondern ihre Außenseitersituation verstärken.
Das Gedicht will Verständnis für die Situation von Außenseitern (hier: „Penner“) wecken.

Zum Schluß sollte der Lehrer jene Informationen zusammenfassen, die im Verlauf der Stunde von ihm oder den Schülern genannt wurden. Die Schüler sollten die Informationen im Heft notieren.

<u>Mögliche Informationen:</u>

- Obdachlose, sog. „Penner“ oder „Tippelbrüder“, sind Menschen, die – häufig auf Grund zerbrochener Beziehungen – ohne Zuhause und ohne Arbeit leben.
- Gastarbeiter sind Menschen, vor allem aus südeuropäischen Ländern, die in die Bundesrepublik gerufen wurden, als es bei uns zu wenig Arbeitskräfte gab. Ohne ihre Hilfe würden heute ganze Wirtschaftszweige brachliegen.
- Asylanten sind Menschen, die aus ihrer Heimat geflüchtet sind, weil sie dort Verfolgung, Folter, Tod oder großer wirtschaftlicher Not ausgesetzt waren und die bei uns in Sicherheit leben möchten.

Der Lehrer sollte nach eigenem Ermessen und mit Blick auf den Wissens- und Entwicklungsstand seiner Schüler Ergänzungen (z. B. über Homosexuelle, Aidsinfizierte) oder auch Kürzungen vornehmen.

Die Schüler sollen herausfinden, daß z. B.
- kinderreiche Familien
- Gastarbeiter
- farbige Menschen
- Raucher
- unverheiratete Paare u. a. m.

als Wohnungsmieter bisweilen nicht erwünscht sind und dadurch eine Art Außenseiterstatus bekommen.

1. Stunde:
Außenseiter I

Materialien und Medien:
- „Bilder von Außenseitern“ (Mat. 1)
- „herr brockstiepel und die penner“ (Mat. A)

Unterrichtsverlauf	Methoden / Sozialformen
Phase 1 Einstimmung in das Thema	Klassengespräch anhand des Tafelimpulses „Außenseiter“ Leitfragen: – Was ist ein Außenseiter? – Wer wird dazu gerechnet? – Wer kann das Wort „Außenseiter“ erklären? – Wie wird man zum Außenseiter? Ergebnisfixierung / Tafelanschrieb / Hefteintrag
Phase 2 Vertiefung des Themas mit Hilfe von sechs Bildern und einem Gedicht	I. Bildbetrachtung / Klassengespräch Medien: „Bilder von Außenseitern“ (Mat. 1) Leitfragen: – Was für Menschen sind hier zu sehen? – Beschreibt ihre Situation! – Welche Gefühle habt ihr bei diesen Bildern? – Seid ihr solchen Menschen schon begegnet? – Habt ihr Vorschläge, wie man ihnen helfen kann? II. Gedichtinterpretation / Klassengespräch Text: „herr brockstiepel und die penner“ (Mat. A)

Kommentare und Resultate

Dieses erste Unterrichtsgespräch stellt nur einen kurzen Auftakt dar:

Die Leitfrage der Stunde: „Was ist Offenbarung?“ wird genannt und kurz reflektiert. Dabei muß der Lehrer die Ergebnisse, wie sie am Schluß notiert werden sollen, im Auge haben. Die Begriffe „Erfindung“ (etwas Neues schaffen) und „Entdeckung“ (etwas Vorhandenes aufdecken) haben hier nur dienende Funktion.

Die wichtige zweite Phase bedarf der Stille. Die Schüler sollen zureichend Zeit haben, sich mit dem Bild zu beschäftigen. Sie sollen im Bild, aber auch an sich selbst Entdeckungen machen, sollen ihren eigenen Gefühlen begegnen und so sensibler werden.

Die sich schließende Tür verstellt Offenbarung. Darum könnte sie mit Begriffen wie Leid, Tod, Unsichtbarkeit Gottes, Vieldeutigkeit u. ä. bezeichnet werden.
Die sich öffnende Tür macht Offenbarung möglich. Dann könnte sie mit Begriffen wie Bibel, Jesus, Natur u. a. bezeichnet werden.
Die Vertiefung dieses letzten Gedankens geschieht in der folgenden Phase.

Unterrichtsverlauf	Methoden / Sozialformen	K
Phase 3 Wir suchen Orte der Offenbarung	Klassengespräch Leitfragen: – Wo sind Menschen früherer Generationen Gott oder den Spuren Gottes begegnet? – Wo haben frühere Generationen Offenbarung erlebt? – Wo würden Sie heute Offenbarung suchen? Weiterführung / Vertiefung – Wie haben die Israeliten Gott nach 2. Mose 20/2 erfahren? – Wie erlebt Ernesto Cardenal Gottesoffenbarung und wie antwortet er darauf? (Mat. 2)	
Phase 4 (Schluß) Eine Warnung und ein Referat zum Stichwort „Offenbarung“	Klassengespräch / Bibelarbeit Bibelstelle: Prediger 5/1 Leitfrage: – Was ist der Inhalt dieser Stelle? Lehrerreferat zum Thema „Offenbarung“ Ergebnisfixierung	

Kommentare und Resultate

Wenn die Lerngruppe nicht allzu groß ist, sollte der Lehrer zu Beginn eine neue Sitzordnung anregen: Die Bänke werden auf die Seite geschoben, Schüler und Lehrer sitzen im Kreis.
Diese Sitzordnung ist wichtig für ein intensives Gespräch. Das Vorlesen und Besprechen der beiden Kinderbriefe bildet nur den Auftakt zu diesem Gespräch.
Das Klassengespräch zielt auf die sog. Deckerinnerungen ab. Zu deren Bedeutung vergleiche die Stundenbeschreibung.
Die Schüler sollen schon hier wahrnehmen, daß es zum Leben gehört, Gottesbilder zu entwerfen und zu verwerfen.

Die Fragebogen werden anonym beantwortet.
Der Lehrer bittet seine Schüler um die notwendige Ernsthaftigkeit.
Die Arbeit soll zur Wahrnehmung der eigenen Gottesvorstellungen führen, aber auch zur Wahrnehmung dessen, was in der Gruppe über Gott gedacht wird.
Natürlich sind statistische Ergebnisse ohne normative Bedeutung für den einzelnen.
Die Ergebnisse werden in der nächsten Stunde mitgeteilt.

Unterrichtsverlauf	Methoden / Sozialformen	K
Phase 3 Erwartungen für die Zukunft	<u>Bibelarbeit / Klassengespräch</u> Text: Amos 5/4 <u>Leitfrage:</u> – Wann leben wir? – Mit welcher Autorität wird diese Aussage gemacht? – Welche Gefahren liegen in der Überzeugung, Gott gefunden zu haben? Text: Apg. 17/22–28 <u>Leitfrage:</u> – Welche Aufgabe sieht Paulus für alle Menschen? – Erscheint diese Aufgabe schwer? <u>Ergebnisfixierung</u>	
Phase 4 (Schluß) Eine abschließende Warnung	<u>Textarbeit / Klassengespräch</u> Text: Goritschewa „Eine zweite, meine eigentliche Geburt“ (Mat. 4) <u>Leitfrage:</u> – Was empfinden Sie bei einem solchen Bericht?	

Kommentare und Resultate

Es ist mit einem gewissen Widerstand der Schüler zu rechnen, der aber durchaus überwunden werden kann, wenn die Aufgabe plastisch eingeführt wird:

z. B.: Eine Kirche ist neu gebaut worden.
Der Kirchengemeinderat hat beschlossen, den Chorraum bildhaft ausgestalten zu lassen.
Das Thema „Gott" ist vorgegeben.
Eine Gruppe junger Künstler macht sich an einen Entwurf.

Der Lehrer muß auf Gruppenarbeit als Methode bestehen, denn es geht wesentlich darum, das Gespräch über Gott und Gottesbilder in die Kleingruppen hineinzutragen.

Unerläßlich ist außerdem, für Gespräch und Gestaltung den Gruppen viel Zeit zu geben.

Sollte von Schülerseite das Bilderverbot aus 2. Mose 20 eingebracht werden, dann muß darauf eingegangen werden.

Die Gruppe steht jetzt um den Tisch, auf dem die Arbeiten liegen. Die ersten Fragen richten sich an die, die das jeweilige Bild <u>nicht</u> erstellt haben. Dann werden die „Künstler" befragt, ob sie richtig verstanden worden sind.
In dieser Phase kann das Gespräch über Gott und Gottesbilder in der Gesamtgruppe geführt und vertieft werden.

Dies kleine Stück ist weniger ein eigener Unterrichtsschritt als vielmehr der Abschluß der Phase 2. Ein Gespräch erübrigt sich. Die Aussage wird für die Schüler unmittelbar erkennbar sein.

Unterrichtsverlauf	Methoden / Sozialformen
Phase 3 (Schluß) Die Ergebnisse der Befragung aus der letzten Stunde werden mitgeteilt	I. Mitteilung der Ergebnisse durch den Lehrer II. Klassengespräch Leitfrage: – Was überrascht Sie? – Womit haben Sie nicht gerechnet?

Kommentare und Resultate

Die Erzählung von E. Schnydrig beeindruckt durch das unmittelbare Erleben, das aus ihr spricht.
Hier versucht ein Sohn, die dramatische Gottesbeziehung seines Vaters nachzuzeichnen.

Das Unterrichtsgespräch soll ungefähr zu folgendem Ergebnis führen:

<u>Ergebnisse:</u>

1. Gottesbilder wandeln sich.
2. Jeder Mensch gibt im Lauf seines Lebens Gottesbilder auf und gewinnt neue.
3. Gottesbilder sind abhängig von Alter, Bildung, sozialem Stand, biographischen Erfahrungen u. a. m.
4. Ungewohnte oder fremde Gottesbilder verlangen Toleranz und Einfühlungsvermögen.

Nach dem Vorlesen des Teils II muß deutlich werden:
Die Gottesbeziehung des Vaters war nicht zerbrochen.
Sie hatte sich verwandelt in eine streitbar-trotzige Beziehung.
Deshalb bezeichnet der Autor den Vater auch als Hiob.
Geduld und Ergebenheit des Vaters sind mühsam erkämpft.

Unterrichtsverlauf	Methoden / Sozialformen
Phase 2 Gottesbilder in der Menschheitsgeschichte	I. Filmvorführung Film: J. Ucen „Und schufen ihn nach ihrem Bild und Gleichnis“ (15 Min., Farbe) II. Stillarbeit / Bearbeitung des Fragebogens (Mat. E) III. Klassengespräch Ergebnisfixierung
	Hausaufgabe: Lesen Sie den Text von Y. Spiegel „Mißbrauch des Namens Gottes“ (Mat. 5) und beantworten Sie die Frage: „Welche Gottesbilder ordnet der Autor welchen historischen Gegebenheiten zu?“

Kommentare und Resultate

Jeder Schüler bekommt einen DIN-A6-Zettel auf den Tisch. Dann erklärt der Lehrer die Aufgabe und was er mit den Zetteln zu tun beabsichtigt.
Die kleine Meditation bedarf der Stille, der Konzentration, der Ernsthaftigkeit und der Intimität: Keiner sollte beim Nachbarn reinschauen.
Die Zettel bleiben namenlos.

Beim nächsten Schritt werden die Zettel eingesammelt und die Substantive an der Tafel notiert.
Die Schüler sollen Vermutungen hinsichtlich der Bedeutung äußern.
Am Ende werden jene Gottesbilder – u. U. mit Hilfe einer Konkordanz – unterstrichen, die in der Bibel vorkommen.

Ungefähres Tafelbild:

Gottesbild	Tätigkeit / Bedeutung
König	herrscht, fordert Gehorsam
Feuer	leuchtet, läutert, wärmt, schützt, ist unnahbar
Wind	unsichtbar, lind, kann auch stürmisch sein
Wolke	verbirgt, spendet Schatten
Tankstelle	gibt Kraft, verlangt etwas dafür
Chef	gibt Anweisungen
Freund	Vertrauen ist möglich, sprechen, sich verlassen
u. a. m.	

Ergebnis:
Nach Psalm 139:
- Gottes Handeln richtet sich auf den Beter
- Gott erforscht, kennt, weiß, versteht ihn,
- ermißt seine Wege, ist dem Beter vertraut,
- hält ihn umschlossen,
- hat die Hand auf ihn gelegt,
- hat ihn geschaffen und gewoben,
- kennt seine Seele,
- sieht alle seine Tage.

Unterrichtsverlauf	Methoden / Sozialformen	K
Phase 2 (Fortsetzung)	Ergebnisfixierung	
Phase 3 (Schluß) Das Bilderverbot	Bibelarbeit / Klassengespräch Text: 2. Mose 20/4–6 Leitfrage: – Dürfen wir uns Bilder von Gott machen? – Kommen wir ohne Gottesbilder aus? – Verzichtet die Bibel auf Gottesbilder? Ergebnisfixierung	
	Hausaufgabe: „Schreiben Sie den 23. Psalm um, so daß Menschen einer modernen Großstadt ihn gut verstehen können!“	

Kommentare und Resultate

Wer die Schüler ein wenig überraschen und verblüffen möchte, kann vor dem Lesen des kleinen Textes die Frage stellen, wie wir denn Gott anzureden pflegen. Vielen Schülern ist es nicht bewußt, wie vertraut wir Gott anreden.

Zum Begriff der Person möge man in der Stundenbeschreibung nachschlagen.

Am Ende der 1. Phase sollte klar sein:
- Auch ein Pfarrer wie Kurt Marti besitzt kein selbstverständliches Gottesbild.
- Alle unsere Denkvorstellungen, Raster, „Kuchenbackformen" sind ungenügend.
- Was Gott ist und was er will, wird für Kurt Marti in Jesus von Nazareth verstehbar und glaubbar.

Der letzten unter den Leitfragen sollte besondere Aufmerksamkeit geschenkt werden. Hier handelt es sich um eine gedankliche Meditation: Für was lebt mein Vater, meine Mutter...? Was ist ihr Lebenssinn, was ihr Gott?
Wie stehe ich zu ihrem Sinn, ihrem Gott?

Hier ist allein der Denkanstoß beabsichtigt. Kein Schüler soll sich zu diesen Fragen äußern oder gar äußern müssen.

Ergebnisse:

1. Das Sinnbild des brennenden Dornstrauchs geht möglicherweise auf ein Elmsfeuer zurück. Blitz oder Vulkanausbruch kommen für den Sinai nicht in Frage.
2. Das Bild vom brennenden Dornstrauch, der nicht verbrennt, meint das göttliche Leben, das sich im Gegensatz zu menschlichem, tierischem oder pflanzlichem Leben nicht selbst verzehrt.
3. Das Ausziehen der Schuhe weist auf Gottes Heiligkeit hin.
4. In Vers 6 stellt sich Gott als Gott der Väter vor, in Vers 7 als Gott der Befreiung.
5. Mit „Ich bin" bzw. „Ich werde sein" ist die Unverfügbarkeit, Bild- und Namenlosigkeit Gottes ausgedrückt.
6. Von diesem „Ich bin"/„Ich werde sein" besteht im Hebräischen eine sprachliche Brücke zum Gottesnamen Jahwe.

Unterrichtsverlauf	Methoden / Sozialformen
Phase 2 (Fortsetzung)	Ergebnisfixierung
Phase 3 (Schluß) Die Gottesnamen der Bibel	Lehrerreferat Ergebnisfixierung

Kommentare und Resultate

Diese „Geschichte von Gott I" sollte gut vorgelesen werden. Eventuell muß der Lehrer selbst zu Beginn der Stunde den Text vorlesen.

Das Gespräch wird nicht lange auf sich warten lassen. Der kirchenkritische Grundzug motiviert die Schüler und holt sie bei ihrer „natürlichen" Religiosität ab. In diesen Gedanken und Bildern können sie ihr Empfinden ausdrücken. Allerdings wird das völlig ungewohnte Gottesbild Schwierigkeiten machen.

Die letzte Leitfrage leitet zur Phase 2 über.

In dieser Phase sollen die Schüler sich mit Aussagen biblischer Zeugen beschäftigen. Sie sollen dies intensiv tun, und das in zwei Stufen:

I. Stillarbeit an kurzen Zitaten
II. Bibelarbeit an ausgewählten Texten

Am Ende soll eine Ergebnisfixierung stehen, die etwa so aussehen könnte:

Ergebnisse:

1. Gott wird als Schöpfer des Himmels und der Erde bezeugt, als der, der das Nichtseiende rief, daß es sei.
2. Gott ist der bergende, schützende, barmherzige Vater und Begleiter des Menschen durch alle Höhen und Tiefen seines Lebens.
3. Gott wird aber auch bezeugt als der Furchtbare, Schreckliche, den Menschen Vernichtende.
4. Darüber hinaus ist er der Unbekannte, der Unerforschliche.
5. Er ist ein Gott der Freiheit, des Rechts und der Gerechtigkeit.
6. Er ist ein Gott der Ohnmächtigen, der Witwen, Waisen und Fremdlinge.
7. Der Mensch hat kein Recht, Gottes Handeln zu befragen.
8. Er ist ein Gott, der straft und rächt.
9. Gott ist ein Gott, der die Toten lebendig macht.

Unterrichtsverlauf	Methoden / Sozialformen
Phase 3 (Schluß) Gott – ganz anders	Textarbeit/Klassengespräch Text: H. v. Veen „Geschichte von Gott II“ (Mat. 9) Leitfrage: – Was will van Veen mit dieser Geschichte beim Hörer/Leser erreichen?

Kommentare und Resultate

Wenn die Schüler keine Ader für Schreibmeditationen haben sollten, kann dieser erste Schritt auch als ein Klassengespräch ablaufen:

„Welche Bitten, Wünsche, Forderungen haben Sie an Gott?“

Auch wenn vereinzelt Schüler versuchen werden, keine Wünsche zu äußern und Gott in allem zu rechtfertigen, wird doch der Grundtenor dieser sein: Wir haben viele und berechtigte Wünsche. Die Umweltzerstörung, die Not in der Dritten Welt, die Kriegsgefahr u. a. m. ängstigen uns. Warum schreitet Gott nicht ein?

Zum zweiten Schritt:
- Der Ausbruch des Vulkans Nevado del Ruiz am 14. Nov. 1985 forderte 25 000 Menschenleben.
- Der Ort Armero wurde unter Asche und Lava begraben.
- Omayra Sanchez, ein 12jähriges Mädchen, wurde unter Schlamm und Wasser eingeklemmt. Nach 60stündigem Kampf starb Omayra. Den Rettern war es nicht gelungen, sie zu befreien.

Der Lehrer sollte seine Betroffenheit artikulieren. Am Ende dieser Phase muß die Frage nach der Gerechtigkeit Gottes gestellt sein.

Beim Hiobbuch muß nach der älteren Hiob-Erzählung und den jüngeren Hiob-Dialogen unterschieden werden.
In der Hiob-Erzählung wird das Schicksal Hiobs als Prüfung durch Gott geschildert.
In den Hiob-Dialogen wird dem Mensch das Recht verweigert, nach Gottes Gerechtigkeit zu fragen, dafür sei Gott zu groß und der Mensch zu gering.

Unterrichtsverlauf	Methoden / Sozialformen
Schluß oder Hausaufgabe: Noch eine Antwort auf die Frage nach dem Leid	Textarbeit Text: „Ist Gott gerecht“ (Mat. 11) Aufgabe: – Wie beantwortet Rabbi Kushner die Frage nach Gottes Gerechtigkeit?

Kommentare und Resultate

Die Haltung von Rabbi Kushner muß den Schülern gegenwärtig sein, um den Vergleich anstellen zu können. Deshalb beginnt die Stunde entweder mit der Wiederholung oder mit der Besprechung der Hausaufgabe.
Das Gespräch führt zu diesem Ergebnis:
- Rabbi Kushner gibt die Vorstellung von Gottes Allmacht auf. Gott ist für ihn der mitleidende, brüderliche Gott.
- Max Eyth (und Knox) beugen sich vor der unbegreiflichen Größe und Heiligkeit Gottes.

Der Lehrer sollte kurz in das Arbeitsblatt einführen und die Schüler darüber informieren, daß diese Begriffe allesamt dem klassischen Werk zur Gottesfrage „Das Heilige“ von Rudolf Otto entnommen sind.

Diese Phase hat allein den Zweck, daß die Schüler in der Auseinandersetzung mit den vorgegebenen Begriffen ihr Gottesbild präziser wahrnehmen.

Die Formulierung Ottos: „Gott ist das Mysterium tremendum et fascinans“ (das erschütternde und anziehende Geheimnis) ist Allgemeingut geworden.

Unterrichtsverlauf	Methoden / Sozialformen
Phase 3 Vom deus revelatus und vom deus absconditus	I. Lehrerreferat II. Bibelarbeit/Klassengespräch Texte: Jeremia 20/7–9 Markus 15/34 Ergebnisfixierung
Schluß oder Hausaufgabe	Hausaufgabe (fak.): Lesen Sie den Text von Carl Amery „Wort des Abwesenden Gottes“ (Mat. 14) und beantworten Sie die Frage: Was will der Autor seinen Lesern mit diesem Text sagen?

Kommentare und Resultate

Dieses Auftaktgespräch könnte zu etwa diesem Ergebnis führen:

- Luzie wünscht sich mit ihren Vorschlägen starke Gefühle. Sie will die Macht der Natur und die Ohnmacht des Menschen im Wasserfall spüren, die Schönheit im Sonnenuntergang, die Majestät im Hirsch, die Geborgenheit im Symbol des Rauchs usw.
- Erst in diesen starken Klischees spürt sie, was der sensiblere Linus schon in Baum, Haus und See spürt.
- Kunst weist über sich hinaus, bietet uns für Natur, Mensch und menschliches Selbstverständnis Deutungen an.

Im Gegensatz zur Phase 1 sollte hier auf eine Ergebnisfixierung hingearbeitet werden.

Die Berge sind für den Autor wichtig,
- weil sie schön sind,
- weil sie majestätisch-unberührt sind.
- Sie überdauern den Menschen,
- laden zur Überwindung ein,
- sie machen neugierig,
- imponieren.
- Sie reinigen Kopf und Sinne,
- laden dazu ein, diese Welt mit Humor zu betrachten.
- Sie machen erfinderisch.

In dem zweiten Schritt dieser Phase, der sich mit dem Zitat vom Mandelbaum beschäftigt, sollen bewußt kritische Töne angeschlagen werden: Die Natur ist nicht eindeutig.

Unterrichtsverlauf	Methoden / Sozialformen	
Phase 2 (Fortsetzung)	Leitfragen: – Gefällt Ihnen der Spruch? – Und wenn der Frost die Blüten zerstört? Ergebnisfixierung	
Phase 3 Die Natur als Hinweis auf Gott in der Bibel	Bibelarbeit Texte: Hiob 12/7–10 Römer 1/18–23 Leitfragen: – Was wird in diesen Bibeltexten gesagt? – Mit welchem Unterton wird – vor allem von Paulus – argumentiert?	
Phase 4 (Schluß) Die Natur als Ort der Stille und des Gebets	Klassengespräch/Stilles Lesen Text: Mutter Teresa „Das Beten“ (Mat. 17) Leitfrage: – Was hat die Natur mit dem Beten zu tun?	

Kommentare und Resultate

Die Stunde beginnt mit einem Gespräch über das Staunen. Der Lehrer hat das Zitat vorgelesen oder an die Tafel geschrieben.
- Worüber kann ein Naturwissenschaftler noch staunen?
- Ist er nicht zur Nüchternheit und Objektivität verpflichtet?

Am Ende muß klar sein, daß ein Naturwissenschaftler sehr wohl staunen kann, nach dem Urheber alles Geschaffenen fragen, religiös sein kann.

Mit dem zweiten Schritt der Phase 1 versuchen wir selbst zu staunen.
Das Erstaunlichste dabei ist die Beobachtung, daß die Schüler die Frage, in welchem Bild sie Gott am deutlichsten spüren, nicht in Frage stellen.

In dieser Phase sollen die Schüler lernen, was die Naturwissenschaftler mit ihrer Methodik aussagen können und was nicht.
Die Aussage: „Welt und Weltall sind durch Zufall entstanden“ ist reichlich unwahrscheinlich: Wenn wir schon bei einem Globus einen intelligenten Schöpfer voraussetzen müssen, wieviel mehr erst bei dem Kompliziertheitsgrad des Alls.

Unterrichtsverlauf	Methoden / Sozialformen
Phase 2 (Fortsetzung)	2. Impuls: „Dieser Globus ist durch Zufall entstanden!“ Leitfragen: – Stimmen die Behauptungen der beiden Impulse? – Bis zu welchen Urdaten kann der Naturwissenschaftler mit seinen Methoden vordringen? – Müssen religiöse Menschen nicht über die naturwissenschaftlichen Daten hinausgehen?
Phase 3 Große Naturwissenschaftler antworten	Textarbeit/Klassengespräch Text: W. Trutwin „Bekenntnisse großer Forscher“ (Mat. 19) Leitfrage: – Welchen Eindruck vermittelt diese Zusammenstellung?
Schluß oder Hausaufgabe	Hausaufgabe: Lesen Sie den Text von B. Russell „Warum ich kein Christ bin“ (Mat. 20) und notieren Sie sich seine Gründe!

at. 22)

Kommentare und Resultate

Die beiden Schritte der 1. Phase können eingebracht werden, u.U. genügt aber auch ein einzelner, um das Ziel zu erreichen:

Besuche bzw. Spuren Gottes können unter anderem sein:
- Bewahrungen im Unglück
- Krankheiten
- Kinder
- Erkenntnisse und Erfahrungen

Tafelarbeit und Ergebnisfixierung sind durchaus sinnvoll.

Hier geht es weniger um allgemeine Ergebnisse als darum, den Blick für eine ganz bestimmte Fragestellung zu schärfen.
Eine Ergebnisfixierung ist nicht beabsichtigt.

<u>Frau Bertold sieht Gott...</u>

...in ihrer Kinderzeit	– als lieben alten Mann mit Rauschebart, als Weihnachtsmann.
...in ihrer Mädchenzeit	– als lieben, aber auch zornigen Gott.
...in ihrer Zeit als Ehefrau und Mutter	– schlafen ihre Beziehungen zu Gott ein; schrumpfen auf ein Minimum.
...in ihrer Zeit als ältere Frau	– ist Gott aus ihrem Leben ganz verschwunden.
...in ihrer Zeit als alte Frau	– hofft sie wieder auf den lieben Gott ihrer Kinderzeit.

Unterrichtsverlauf	Methoden / Sozialformen	
Phase 3 (fak.) Christen nehmen auch das Schwere aus Gottes Hand	I. Kurze Einführung zu Dietrich Bonhoeffer II. Textarbeit/Klassengespräch Text: D. Bonhoeffer „Von guten Mächten“ (Mat. 23) Leitfragen: – Was meint Bonhoeffer mit dem „schweren Kelch“ in der 3. Strophe? – Was ist aus Bonhoeffer geworden?	
Phase 4 und Schluß Gott in der Geschichte einer Gemeinschaft	I. Bibelarbeit Text: 5. Mose 26/1–11 Leitfrage: – Welche Gotteserfahrungen spiegeln sich in diesem Bekenntnis? II. Bildbetrachtung/Klassengespräch Bild: „Menschen 1945“ (Mat. 24) Leitfrage: – Wie haben damals, 1945, viele Menschen die Niederlage des Deutschen Reichs erklärt? Können Sie Vermutungen äußern? Ergebnisfixierung	

Kommentare und Resultate

Das Zitat kann gesprochen, kann aber auch an die Tafel geschrieben werden. Der Vers Johannes 1/14 sollte aufgeschlagen werden, weil er die Schüler überfordert, wenn er nur an die Tafel geschrieben oder nur verbal vermittelt wird.
Ziele des Gesprächs:

Ergebnisse:

1. Die Einheit Jesu mit Gott ist nicht körperlich zu verstehen. Sie liegt in der Sache. Jesus vertritt die Sache Gottes.
2. Jesus, das Wort Gottes an die Menschen, wird beschrieben als
   - voller Herrlichkeit,
   - einzigartig,
   - vom Vater (= von Gott)
   - voller Gnade,
   - voller Wahrheit.
3. Inhalt des Wortes ist das Evangelium (= frohe Nachricht) von Gott als dem guten Vater: Der letzte und tiefste Sinn dieser Welt ist gut.
4. Konkret wird diese gute Nachricht u.a. in der Bergpredigt oder in den Gleichnissen Jesu.

Eine Ergebnisfixierung ist angebracht.

Der Berg ist der traditionelle Ort der Gottesnähe. Das läßt sich im Alten wie im Neuen Testament vielfach belegen.
Elia steht für den Kampf um die Verehrung des einen Gottes und die Ablehnung der Fruchtbarkeitsreligionen.
Mose steht für die Befreiung aus Ägypten und die sinaitischen Ordnungen.
Für die Jünger bedeutet die Verklärung die tiefe Erkenntnis der Berufung und Bestimmung Jesu: Gott ist eindeutig geworden, Gott ist der gute Vater.

Unterrichtsverlauf	Methoden / Sozialformen
Phase 2 (Fortsetzung)	Ergebnisfixierung
Schluß oder Hausaufgabe:	Hausaufgabe: Lesen Sie den Text von Y. Spiegel „Jesus" (Mat. 25) und unterstreichen Sie/schreiben Sie heraus, wie der Verfasser Jesus erlebt!

Kommentare und Resultate

Der Lehrer sollte diesen Text vorlesen und in das Gespräch einleiten.

Bei aller Offenheit für unterschiedliche Interpretationen und dem spürbaren Wunsch des Autors, Jesu Menschwerdung und Menschlichkeit konsequent zu Ende zu denken, bleibt ein Nachgeschmack:
Hier wird Jesus kumpelhaft angegangen. Die letzten beiden Zeilen wirken fast erpresserisch.

Die Partnerarbeit soll in einem zweiten Arbeitsgang überprüft und zu einem Hefteintrag geführt werden.

Ergebnisse:

Nach O. Knoch trägt das Gottesbild im Neuen Testament diese Züge:
1. Gott ist Schöpfer und Lebensspender.
2. Gott ist der Heilige, der Urheber von Gebot und Gewissen.
3. Gott will die Gemeinschaft mit den Menschen und die der Menschen untereinander.
4. Gott wendet sich vergebend dem schuldigen Menschen zu.

Mit dieser Schlußphase werden zwei Ziele verfolgt:
1. Die Schüler sollen an dieses zentrale Gleichnis Jesu und das Gottesbild, das es vermittelt, erinnert werden.
2. Die Schüler sollen in dem aktualisierten Text von M. Fischer erkennen, daß die Handlungsweise Gottes (= des Vaters) für uns vorbildlich ist.

Unter Umständen muß Lukas 15 nicht gelesen werden, weil dies Gleichnis der Klasse schon gut bekannt ist.
Nach dem Vorlesen mag der verbale Austausch genügen.

Kommentare und Resultate

Nachdem das Thema der Stunde genannt ist, soll das Bild „Spur" von W. Dinges (Mat. 27) den Schülern vorgelegt werden. Die Schüler sollen überrascht und motiviert werden, sich mit etwas derart Fremdem zu beschäftigen:
- Der Zen-Buddhismus will über das Letzte (Gott) keine Aussagen machen.
- Der Mensch wie alle anderen Erscheinungsformen kommen aus dem Umfassenden und kehren wieder dorthin zurück.
- Aufgabe des Menschen ist es, frei von allen Begierden, sich dem Umfassenden zu öffnen, es in sich wirken zu lassen.
- So ist dieser Pinselstrich in einer Mal-Meditation entstanden. In seiner Schönheit und Spannung ist er eine Spur des Umfassenden in der Welt der Erscheinungen.

Von hier aus müßten die Schüler den zweiten Schritt gehen. Hilfen dazu finden sich in der Stundenbeschreibung.

Die beiden Suren werden vorgelesen, und es wird erklärt, daß Allah kein Eigenname, sondern das arabische Wort für Gott ist.
Das Gespräch soll zu folgendem Ergebnis führen:

Gott (Allah) wird in diesen beiden Korantexten beschrieben als	allbarmherzig Herr aller Weltenbewohner Gerichtsherr Helfer Weggeleiter
und als	allmächtig allweise er tötet und belebt er ist der Erste und der Letzte er ist der Sichtbare und Verborgene der Welterschaffer er kennt jeden

Eine Ergebnisfixierung wäre wohl angebracht.

Unterrichtsverlauf	Methoden / Sozialformen	
Phase 3 Eine Stimme aus dem Hinduismus	Vorlesen/Klassengespräch Text: „Ramakrishna spricht über Gott“ (Mat. H) Leitfragen: – Was sagt Ramakrishna über Gott? – Was ist die Intention des Textes?	
	Hausaufgabe: Lesen Sie zur nächsten Stunde den Text „Die Schönsten Namen Gottes…“ (Mat. 30) durch und schreiben Sie die Namen heraus, die Sie nicht akzeptieren können oder nicht verstehen.	

tellt sähe“ (Mat. 32)

Kommentare und Resultate

Ohne Einführung liest der Lehrer oder ein Schüler das Märchen vor. Die Schüler sollen nicht vorgeprägt werden.

Nach Suchomlinskij

- kennt Gott die Liebe nicht;
- schaut er neidvoll auf die Menschen und straft sie mit der Vergänglichkeit;
- kennt Gott die Treue nicht;
- gönnt Gott den Menschen die Erinnerung nicht.

Dieses Märchen wurde in der UdSSR gezielt zur atheistischen Erziehung eingesetzt.

In dieser ganz kurzen Phase geht es darum, Selbstsicherheit und Überheblichkeit abzuwehren.
Es gibt einen sehr verständlichen Atheismus, der z. B. aus dem Leiden entstanden ist. Ihm gegenüber sind Zurückhaltung und Respekt angebracht.

Unterrichtsverlauf	Methoden / Sozialformen
Phase 3 Ein Blick auf Karl Marx	Ein Zitat: „Religion ist Opium des Volks“ Leitfragen: – Was meint dieses Zitat? – Von wem stammt es? – Hat K. Marx die Situation der Proletarier richtig beschrieben? Ergebnisfixierung
Schluß oder Hausaufgabe: Das Gebet eines Atheisten	Hausaufgabe: Lesen Sie das „Gebet eines Atheisten…“ (Mat. 32) von d'Holbach und notieren Sie sich seine Argumente gegen Gott!

Kommentare und Resultate

Unmittelbar nach Bekanntgabe des Themas trägt der Lehrer vor. Hier erscheinen die Gottesbeweise kurz und schülergerecht. In der Stundenbeschreibung werden weitere Informationen gegeben.

Ziele:

1. Der kosmologische Gottesbeweis schließt u. a. von den Ordnungen und Schönheiten dieser Welt auf einen Urheber. Es gibt ihn in unterschiedlichen Formen seit Aristoteles.
2. Der teleologische Gottesbeweis schließt von der Zweckmäßigkeit und Zielgerichtetheit der Welt auf eine höchste Intelligenz. Auch dieser Gottesbeweis existiert seit der Antike.
3. Der ontologische Gottesbeweis schließt von der Denkbarkeit Gottes auf seine notwendige Existenz. Dieser Gottesbeweis geht auf Anselm von Canterbury zurück.
4. Der moralische Gottesbeweis schließt vom Sittengesetz auf dessen Urheber (so Calvin) oder von der Diskrepanz zwischen Neigung und Pflicht auf die Notwendigkeit eines Ausgleichs durch Gott (so Kant).
5. Alle Gottesbeweise sind keine Beweise im strengeren Sinn; im besten Fall sind sie Hinweise auf Gott.
6. Die protestantische Theologie lehnt alle Gottesbeweise als Beweise ab.

Unterrichtsverlauf	Methoden / Sozialformen
Phase 2 Eine Zusammenfassung in zwei Schritten	I. Textarbeit Text: Th. Jaeckel „Biblisches Reden von Gott" (Mat. 33) Leitfragen: – Welches sind die zentralen Aussagen in diesem Text? – Um welche Form christlicher Existenz geht es dem Autor und der Bibel? Ergebnisfixierung II. Ein Zitat: „Ich glaube, daß man das Wort ‚Gott' für eine Weile aus dem Verkehr ziehen sollte." Heinrich Böll Leitfragen: – Wen oder was zieht man aus dem Verkehr? – Warum wird etwas aus dem Verkehr gezogen? – Welche Gefahren birgt das Wort „Gott"?
Phase 3 (Schluß) Ein Kirchengebet	Textarbeit/Klassengespräch Text: „Ein Gebet" (Mat. 34) Leitfragen: – Gefällt Ihnen das Gebet? – Erscheint es Ihnen ehrlich? – Welche interessante Denkbewegung macht der Beter?

Kommentare und Resultate

Die Stunde muß als meditative Abschlußstunde den Schülern angekündigt gewesen sein und als solche von ihnen akzeptiert worden sein.

Das Zitat von Simone Weil kann gesprochen, kann aber auch an die Tafel geschrieben werden. Ruhiges Nachdenken, eine gesammelte Atmosphäre sind wichtig.

Beim zweiten Schritt soll für jeden Ort der Gotteserfahrung eine Kerze angezündet werden: Stille, Einsamkeit, Musik, Natur, Bibel, Gottesdienst, Kunst, Liebe usw.

Zum Abschluß soll über Kerzen, das Symbol des Feuers, nachgedacht werden:

- es erhellt
- es wärmt
- es vernichtet
- es läutert etc.

Das Feuer ist ein uraltes Symbol für Gott.

Schüler lesen vorbereitete Bibeltexte zum Thema vor, die sie ausgesucht haben, weil sie ihnen wichtig sind. Kurze Begründungen sind ebenso möglich wie das Vorlesen außerbiblischer Texte.

Eine Text- oder Bibelarbeit wäre hier unangebracht.
Mögliche Bibelstellen sind in der Stundenbeschreibung vorgeschlagen.

Unterrichtsverlauf	Methoden / Sozialformen
Phase 3 Ermutigungen	Bildbetrachtung Bilder: „Vier Bilder“ (Mat. 35)
Schluß	Vorlesen durch den Lehrer Text: K. O. Buchner „Erfahrung“ (Mat. 36)

Kommentare und Resultate

Die Bildbetrachtung soll ebenfalls meditativen Charakter tragen. Die Schüler sollen mit ihren Gefühlen und Assoziationen zu Wort kommen können.
Jedes der vier Bilder weist über sich hinaus. Im Stundenverlauf ist einiges dazu nachzulesen.

Die Stunde kann vom Lehrer mit dem vorgeschlagenen Text von K. O. Buchner abgeschlossen werden:

Der Text vermittelt allgemein menschliche Erfahrung
- von Nähe und Distanz zu Gott,
- von Glaube und Unglaube,
- von Verlorenheit und Geborgenheit,
- vom Warten auf Gott.

18. Stunde: Vor Gott leben

Materialien und Medien:
- Bibeln
- Kerzen und Streichhölzer
- Korczak-Text (Mat. J)
- „Vier Bilder" (Mat. 35)
- Kurt Oskar Buchner „Erfahrung" (Mat. 36)

Unterrichtsverlauf	Methoden / Sozialformen
Phase 1 Eine Meditation	I. Ein Zitat „Sprich mir schweigend von Gott." Simone Weil Leitfragen: – Ist das Unfug? – Was bedeutet Ihnen dieses Wort? II. Übung/Kerzen anzünden Leitfrage: – Wir haben immer wieder Orte der Gotteserfahrung im Unterricht genannt. Was ist Ihnen noch in Erinnerung? III. Abschluß: Warum haben wir wohl für jeden Ort der Gotteserfahrung eine Kerze angezündet?
Phase 2 Schüler lesen Bibeltexte	Vorlesen von Bibelstellen

Kommentare und Resultate

Dieser Text sollte in strenger Textarbeit angegangen werden.

Ergebnisse:

1. Gott ist kein Gegenstand menschlichen Nachdenkens, sondern ein den Menschen betreffendes Geschehen.
2. Die Menschen der Bibel waren bereit, sich diesem Geschehen auszusetzen, auf es zu antworten.
3. Gott ist für uns nicht unabhängig von unserer Existenz erfahrbar. Er wird erfahren im Gewissen, in der Verantwortung, im Mut und in der Kraft, in der Würde, im Glauben an einen Sinn.
4. Die angemessene Reaktion des Menschen ist die dialogische Existenz, das Gebet.

Von den Gottesbeweisen führt über diesen Text ein präziser Weg zum Böll-Zitat. Das Wort „Gott“ verführt zu einem objektivierenden „Reden über Gott“. Das aber wird der Sache nicht gerecht. Wie man Schrottautos, Betrunkene oder Geisteskranke aus dem Verkehr zieht, um Gefahren zu vermeiden, so sollte man auf das Wort „Gott“ verzichten:
- es lenkt vom richtigen Verhalten, dem Gebet, ab;
- es verführt zu spekulativem Denken und falschen Konkretionen.

Am besten liest der Lehrer abschließend dieses Gebet vor:
Der Beter spricht unsere Erfahrungen aus:
Gott ist anders, als wir ihn uns vorstellen.
Er führt uns in Unruhe, Fragen, Spannungen, Nöte.
Aber der Beter wendet sich mit seinen Beschwernissen nicht an andere Menschen, verdrängt und unterdrückt seine Beschwernisse nicht, sondern formuliert sie als Gebet zu diesem Gott.

17. Stunde: Über Gott reden – Mit Gott reden

Materialien und Medien:
- Theodor Jaeckel „Biblisches Reden von Gott“ (Mat. 33)
- „Ein Gebet“ (Mat. 34)

Unterrichtsverlauf	**Methoden / Sozialformen**
Phase 1 Die klassischen Gottesbeweise und ihre Kritik	Lehrerreferat/Klassengespräch Leitfragen: – Welcher dieser Gottesbeweise sagt Ihnen am ehesten zu? – Sind dies überhaupt Beweise im strengen naturwissenschaftlichen Sinn? Ergebnisfixierung

Kommentare und Resultate

Am Ende des Gesprächs sollen diese Ergebnisse stehen:

Ergebnisse:

1. Religion ist für K. Marx ein vom Volk selbst produziertes und konsumiertes Betäubungsmittel.
2. Das Volk, bei Marx die verelendeten Arbeitermassen, braucht diese Droge, um seine Situation ertragen zu können.
3. Dabei absorbiert die Religion jene Kräfte, die für die Revolution gebraucht werden.
4. Religion ist immer dort vorhanden – nach Marx –, wo ungerechte Verhältnisse herrschen.
5. In einer gerechten und solidarischen Gesellschaft wird Religion überflüssig sein und von selbst verschwinden.
6. Marx hat mit dieser Auffassung sowohl die Situation der Arbeiter im Frühkapitalismus falsch analysiert (sie waren keineswegs religiös), noch hat es der Kommunismus je geschafft, Religion überflüssig zu machen.

Bei diesem Unterrichtsschritt soll auch das Paradox formuliert werden, daß ein Gottesleugner ein Gebet formuliert.

d'Holbachs Argumente gegen Gott sind:

1. Gott hat sich nicht gezeigt. Er ließ sich auch nicht entdecken.
2. Die Vernunft konnte keinen Zugang zu Gott finden.
3. Das empfindende Herz sah vor allem Züge eines wilden Tyrannen und nicht den liebenden Vater.

d'Holbach ist aber davon überzeugt, den Willen des guten Vaters entsprechend seinen eigenen Möglichkeiten erfüllt zu haben.

16. Stunde:
Ein zweiter Blick über den Zaun: Die Gottesleugner

Materialien und Medien:
- Vassilij Suchomlinskij „Ein Märchen" (Mat. 31)
- Bertolt Brecht „Der Tod der Frommen" (Mat. I)
- Paul Thiry d'Holbach „Gebet eines Atheisten, wenn er sich Gott gegenüberge

Unterrichtsverlauf	Methoden / Sozialformen
Phase 1 Gott in einem sowjetischen Märchen	Vorlesen/Klassengespräch Text: V. Suchomlinskij „Ein Märchen" (Mat. 31) Leitfragen: – Gefällt euch dieses Märchen? – Ist Gott zutreffend geschildert? – Was will dieses Märchen bewirken?
Phase 2 Unglaube begründet sich in der Biographie	Vorlesen/Lehrerinformation Text: B. Brecht: „Der Tod der Frommen" (Mat. I)

Kommentare und Resultate

Um des Methodenwechsels willen sollte der Lehrer selbst diesen Text vorlesen. Er ist leicht verständlich.

Ramakrishna drückt aus:

1. Gott ist da, auch wenn wir ihn in unsrer Unwissenheit nicht erkennen.
2. Die verschiedenen Religionen sind nichts anderes als verschiedene Pfade zu dem einen Gott.
3. Der Autor fordert damit zur Toleranz auf.

An dieser Stelle kann der Lehrer an Apg. 17/27 erinnern, wo Paulus zu Heiden in Athen sagt: „Keinem von uns ist Gott fern."

Die Hausaufgabe zielt auf die Einsicht ab, daß wir wohl alle preisenden Namen Allahs akzeptieren können.

15. Stunde:
Ein erster Blick über den Zaun: Gott in anderen Religionen

Materialien und Medien:
- Bibeln
- Wolfgang Dinges „Spur" (Mat. 28)
- Kakuan „Ochse und Selbst verschwinden" (Mat. 27)
- „Zwei Suren" (Mat. 29)
- „Ramakrishna spricht über Gott" (Mat. H)
- „Die Schönsten Namen Gottes nach dem Koran und der Tradition" (Mat. 30)

Unterrichtsverlauf	**Methoden / Sozialformen**
Phase 1 Zwei Annäherungen an den Zen-Buddhismus	I. Bildbetrachtung Bild: W. Dinges „Spur" (Mat. 28) Leitfragen: – Was ist das? Was könnte das sein? II. Bildbetrachtung/Textarbeit Bild und Text: Kakuan „Ochse und Selbst verschwinden" (Mat. 27) Leitfrage: – Können Sie jetzt selbst Text und Bild interpretieren?
Phase 2 Zwei Korantexte zum Thema Gott	Textarbeit/Klassengespräch Text: „Zwei Suren" (Mat. 29) Leitfragen: – Welche Wesenszüge werden Allah (Gott) beigelegt? – Würden Sie widersprechen?

14. Stunde: Gott wird in Jesus eindeutig II

Materialien und Medien:
- Bibeln
- Ludwig Czychun „Hey, Jesus“ (Mat. F)
- Otto Knoch „Das Gottesbild im Neuen Testament“ (Mat. 26)
- Manfred Fischer „Trip in die Freiheit, Rückkehr in die Freude“ (Mat. G)

Unterrichtsverlauf	Methoden / Sozialformen
Phase 1 Ein Gespräch über Nähe und Distanz	Vorlesen/Klassengespräch Text: L. Czychun „Hey, Jesus“ (Mat. F) Leitfragen: – Gefällt Ihnen dieser kleine Text? – Was will der Autor bezwecken?
Phase 2 Das Gottesbild im Neuen Testament	Textarbeit/Partnerarbeit Text: O. Knoch „Das Gottesbild im Neuen Testament“ (Mat. 26) Aufgabe: – Notieren Sie sich, wie das Gottesbild im Neuen Testament hier beschrieben wird! Überprüfung und Ergebnisfixierung
Phase 3 (Schluß): Ein Vergleich	Vergleich zweier Texte 1. Text: Lukas 15/11–32 2. Text: M. Fischer „Trip in die Freiheit, Rückkehr in die Freude“ (Mat. G) Leitfragen: – Für wen steht im Gleichnis der Vater, der jüngere und der ältere Sohn? – Nennen Sie Unterschiede zwischen dem Bibeltext und dem von M. Fischer!

Kommentare und Resultate

Die letzte Frage kann zu einem Tafelbild führen, das Erkenntnisstufen des Glaubens grafisch umsetzt:

Jesus bedeutet für mich:

Die Abfolge der Stufen sollte mit den Schülern besprochen werden.

Yorick Spiegel erlebt Jesus als
- mit anarchistischen Zügen ausgestattet,
- nur noch schwach in den Institutionen (= Kirche) angesiedelt,
- hadernd mit Autoritäten,
- ärgerlich über Ungerechtigkeiten,
- ruhig, gelassen, humorvoll,
- nicht konfliktscheu,
- einen neuen Gott verkündigend,
- Propheten eines neuen Zusammenlebens,
- Widerständler gegen gepanzerte Herrschaft und gepanzerte Menschen,
- eintretend für die Wahrheit der Illusion und der Phantasie,
- auftretend gegen Herrschaft und Reichtum,
- den Einzelfall hochschätzend,
- bestehend aus Kopf und Körper.

13. Stunde: Gott wird in Jesus eindeutig I

Materialien und Medien:
- Bibeln
- Yorick Spiegel „Jesus“ (Mat. 25)

Unterrichtsverlauf	Methoden / Sozialformen
Phase 1 Annäherungen	I. Ein Zitat Jesus spricht: „Ich und der Vater sind eins.“ Johannes 10/30 Leitfrage: – Wie ist dieser Satz zu verstehen? II. Bibelarbeit Text: Johannes 1/14 Leitfragen: – Wer ist dieses Wort? – Was ist Inhalt dieses Wortes? – Wie beschreibt Johannes das Wort? Ergebnisfixierung
Phase 2 Die Verklärung	Bibelarbeit/Gespräch/Tafelarbeit Text: Markus 9/3–10 Leitfragen: – Was geschieht hier mit Jesus? – Was bedeutet der Berg, was Mose, was Elia? – Was bedeutet die Verklärung Jesu für seine Jünger? – Wie weit haben wir den Berg der Verklärung schon bestiegen?

ommentare und Resultate

:s soll dem entgegengewirkt werden, daß die Schüler Gott als einen Nothelfer n allen Lebenslagen mißverstehen.

)ietrich Bonhoeffer (1906–1945) spielte in der Bekennenden Kirche eine)edeutende Rolle. Das Gedicht schrieb er zum Jahreswechsel 1944/45 im Gefängnis.
\m 9. April wurde Bonhoeffer im KZ Flossenbürg durch den Strang hingerichtet. Er ging betend und voller Gottvertrauen in seinen Tod.

m Bibeltext steht von Vers 3 bis 10 das altisraelitische Glaubensbekenntnis:

Der Opfernde bekennt, daß das Volk Israel Gott erfahren hat als
- einen Gott, der seine Verheißungen erfüllt;
- einen Gott, der sein Volk aus der Sklaverei befreit;
- einen Gott, der Gebete erhört;
- einen Gott, der Schrecknisse, Zeichen und Wunder tut;
- einen Gott, dem sie das Land und seine Früchte verdanken.

m zweiten Schritt sollen die Schüler von selbst darauf kommen, daß 1945 sehr viele Menschen bei uns etwa so argumentierten: „Das mußte ja so kommen. Nas in unserem Namen mit Juden, Polen, Russen oder Zigeunern geschah, das konnte Gott nicht ungestraft lassen."

12. Stunde:
Gott in der Geschichte des einzelnen und der Gemeinschaft

Materialien und Medien:
- Bibeln
- Nach Walter Ruf „Spuren“ (Mat. 21)
- Susanne Kilian „Frau Bertolds wechselhafte Beziehungen zum lieben Gott“ (M
- Dietrich Bonhoeffer „Von guten Mächten“ (Mat. 23)
- Photographie „Menschen 1945“ (Mat. 24)

Unterrichtsverlauf	Methoden / Sozialformen
Phase 1 Auf Spurensuche	I. Ein Zitat: „Gott besucht uns häufig, aber meistens sind wir nicht zu Hause.“ Leitfrage: – Wie sehen „Besuche Gottes“ konkret aus? II. Vorlesen/Klassengespräch Text: Nach W. Ruf „Spuren“ (Mat. 21) Leitfrage: – Was könnten „Spuren“ Gottes im Leben Daniels gewesen sein?
Phase 2 Gottesbeziehungen in einem „normalen“ Leben	Textarbeit/Klassengespräch Text: S. Kilian „Frau Bertolds wechselhafte Beziehungen…“ (Mat. 22) Leitfragen: – Wie ist Frau Bertolds Beziehung zu Gott zu beschreiben… – …als Kind? – …als Mädchen? – …als Ehefrau und Mutter? – …als ältere Frau? – …als alte Frau?

Ergebnisse:

1. Die Naturwissenschaftler können mit ihren Methoden bis zu den Urdaten des Alls vorstoßen, zu Materie, Energie und Information, zu Raum und Zeit als Vorgaben der Welt.
2. Ihre Methoden sind die Beobachtung, der Versuch, die Feststellung von Gesetzen u. a. m.
3. Darüber hinaus können sie sehr wohl einen Schöpfer ahnen, fühlen, verehren.
4. Für menschliches Denken liegt nahe, von der Information auf einen Informanten, von den Gesetzen auf einen Gesetzgeber, von der Ordnung auf einen Ordner zurückzuschließen.
5. Aber nur der Glaube, nicht die Wissenschaft, darf hier von Gott sprechen.
6. Die Frage, woher denn Gott komme oder wer ihn geschaffen habe, ist eine Anfrage an unser allzu menschliches Gottesbild.
7. Die Argumentation mit dem Zufall befriedigt nicht.

In dieser Phase soll dokumentiert werden, wie wenig sich wissenschaftliche Beschäftigung und Religiosität ausschließen.
Für viele Forscher war gerade ihre wissenschaftliche Tätigkeit die Brücke zur Religion.

Allerdings gibt es auch Gegenpositionen:
- Der Lehrer sollte hier auf die 16. Stunde hinweisen, die sich mit Gottesleugnern beschäftigt.
- Die Hausaufgabe läßt einen Blick auf einen radikalen Gottesleugner zu.

Die Hausaufgabe verlangt eine kurze Einführung durch den Lehrer.
Mögliche Ergebnisse:

1. Für Russell ist jede Religion unwahr und schädlich.
2. Die Religionen widersprechen sich.
3. Zugehörigkeit zu einer Religion ist gesellschaftsbedingt.
4. Die Religionen sind einseitig.
5. Sie fanatisieren ihre Anhänger.
6. Sie sind unlogisch.
7. Sollte ein gütiger Gott viele Millionen Jahre auf Menschen gewartet haben wie z. B. A. Hitler oder J. Stalin?

Die Natur spielt in B. Russells Argumentation keine Rolle.

11. Stunde: Gott in der Schöpfung II: Naturwissenschaftler antworten

Materialien und Medien:
- Vier Bilder (Mat. 18)
- Ein Globus
- W. Trutwin „Bekenntnisse großer Forscher“ (Mat. 19)
- Bertrand Russell „Warum ich kein Christ bin“ (Mat. 20)

Unterrichtsverlauf	**Methoden / Sozialformen**
Phase 1 Können wir noch staunen?	I. Ein Zitat: „Wer nicht staunen kann, ist tot.“ A. Einstein Leitfragen: – Wer war Einstein? – Worüber könnte er gestaunt haben? – Was meinte er wohl mit dem Begriff „tot“? II. Bildbetrachtung: „Vier Bilder“ (Mat. 18) Leitfragen: – Welches Bild läßt Sie am meisten staunen? – In welchem Bild spüren Sie Gott am deutlichsten?
Phase 2 Ein Gespräch über den Zufall	Klassengespräch 1. Impuls: „Diese Welt und das All sind durch Zufall entstanden!“

Ergebnisse:

1. Es ist richtig, daß die Natur in ihrer Ordnung und Schönheit auf Gott hinweist.
2. In der Natur sind aber auch zerstörerische Kräfte am Werk: Gott wird in der Natur nicht eindeutig.

Die Bibelarbeit soll zu diesen Einsichten führen:

Ergebnisse:

1. Die Natur wird in der Bibel als Ort der vielfältigen Spuren und Offenbarungen Gottes geschätzt.
2. Mit Ungeduld spricht Paulus die Trägheit der Menschen an, die sich um diese vielfältigen Spuren Gottes nicht kümmern. Deshalb sind sie nicht zu entschuldigen.

Die Stunde endet mit einem kurzen besinnlichen Text. Die Schüler sollen sich still in den Text vertiefen.

Ergebnis:

Die Natur kann unserem Unvermögen zu beten abhelfen. Sie ist ein Ort der Stille, in dem das Gespräch mit Gott wieder möglich wird.

10. Stunde:
Gott in der Schöpfung I: Spurensuche

Materialien und Medien:
- Bibeln
- Charles M. Schulz „Die Peanuts“ (Karikatur; Mat. 15)
- Hans Jürgen Schultz „Brief an Gott ‚wegen der Berge‘“ (Mat. 16)
- Mutter Teresa „Das Beten“ (Mat. 17)

Unterrichtsverlauf	Methoden / Sozialformen
Phase 1 Ein Gespräch über Kunst	Bildbetrachtung/Klassengespräch Bild: Ch. M. Schulz „Die Peanuts“ (Mat. 15) Leitfragen: – Warum wünscht sich Luzie einen Wasserfall, eine untergehende Sonne, einen Hirsch u. ä. auf dem Bild? – Was will Kunst?
Phase 2 Die Natur als zwiespältiger Hinweis auf Gott	I. Textarbeit/Klassengespräch Text: H. J. Schultz „Brief an Gott ‚wegen der Berge‘“ (Mat. 16) Leitfragen: – Was bedeuten die Berge für den Autor? – Warum wünscht er sich auch im Himmel Berge? II. Ein Zitat „Ich sagte zum Mandelbaum: Erzähl' mir von Gott! Und er blühte.“ Aus China

Kommentare und Resultate

Der Lehrer sollte in seinem Referat etwa folgende Gedanken ansprechen, die dann auch Grundlage der Ergebnisfixierung sind:

1. In der Theologie hat man immer um die unbegreifliche, um die verborgene Seite Gottes gewußt (deus absconditus im Gegensatz zum deus revelantus, dem offenbaren Gott).
2. Bei Luther ist der die Menschen verstockende Gott der deus absconditus. Luther beruft sich dabei auf Röm. 9/18.
3. Nach Luther sollen wir den verborgenen Gott gar nicht sehen, denn darum hat er sich uns verborgen.
4. Die Abwesenheit Gottes gibt dem Glauben Raum. Wäre es anders, dann würden wir Gott kennen oder wissen.
5. Die göttliche Gerechtigkeit ist göttlich, weil wir Menschen sie nicht verstehen. Würden wir sie verstehen, wäre es eine menschliche Gerechtigkeit.
6. Christen hoffen, daß diese Rätsel nach dem Tod geklärt werden.
7. Das Wissen um den verborgenen Gott läßt uns am eigenen Stolz verzagen und allein auf Gott hoffen.
8. Gott ist ungerecht – auch in seiner Gnade. Wäre er gerecht, dann wären wir verloren.

Die beiden Bibelstellen dienen der Vertiefung und der Konkretion:
Der verborgene Gott ist in der Bibel keineswegs unbekannt.

Carl Amery verwehrt dem Menschen das Recht, Forderungen an Gott zu stellen. Schließlich habe der Mensch in seiner eingebildeten Größe und in seiner Gottesferne seine Nöte selbst geschaffen.

9. Stunde: Der heilige Gott II: Seine Verborgenheit aushalten

Materialien und Medien:
- Bibeln
- Max Eyth: „Die Katastrophe“ (Mat. 12)
- „Gott – das Geheimnis“ (Mat. 13)
- Carl Amery „Wort des Abwesenden Gottes“ (Mat. 14)

Unterrichtsverlauf	Methoden / Sozialformen
Phase 1 Ein Vergleich	I. Wiederholung oder Abrufen der Hausaufgabe II. Vorlesen/Klassengespräch Text: M. Eyth „Die Katastrophe“ (Mat. 12) Leitfrage: – Vergleichen Sie die Antwort auf die Frage nach der Gerechtigkeit Gottes bei Kushner und bei Eyth!
Phase 2: Eine Übung	Stillarbeit/Klassengespräch Text: „Gott – das Geheimnis“ (Mat. 13) Aufgabe: – Mit welchen Begriffen können Sie etwas anfangen, mit welchen viel, mit welchen gar nichts?

Ergebnisse:

1. Die Frage nach der Gerechtigkeit Gottes wird in der Theologie unter dem Begriff Theodizee erörtert.
2. Das Buch der Bibel, wo es ausschließlich um dieses Problem geht, ist das Hiobbuch.
3. Die Frage nach dem Sinn des Leids hat folgende Antworten gefunden:
   - Leid ist Prüfung des Glaubens.
   - Leid ist Wille Gottes, dem der Mensch sich nur unterwerfen kann.
   - Leid ist Zeichen dafür, daß es eine widergöttliche Macht gibt.
   - Leid ist eine Konsequenz der menschlichen Freiheit, sich zwischen Gut und Böse zu entscheiden.
   - Leid will den Menschen fördern, ihn erfahrener, klüger, demütiger werden lassen.
   - Leid ist dazu da, die Frage nach Gott und dem Sinn nicht aufzugeben.
   - Leid ist dazu da, andere Menschen vor Gedankenlosigkeit zu bewahren, sie dankbarer zu machen.

Rabbi Kushner verzichtet auf die Vorstellung eines allmächtigen Gottes. Das macht es ihm möglich, einen mitleidenden, brüderlichen Gott anzunehmen.

8. Stunde:
Der heilige Gott I: Die Frage nach seiner Gerechtigkeit

Materialien und Medien:
- DIN A6-Zettel in Klassenstärke
- Bibeln
- Bild „Omayra“ (Mat. 10)
- Ein Zeitungsartikel „Ist Gott gerecht?“ (Mat. 11)

Unterrichtsverlauf	**Methoden / Sozialformen**
Phase 1 Unsere Wünsche an Gott	I. Schreibmeditation/Klassengespräch Aufgabe: – Ergänzen Sie den Satz: „Wenn ich der liebe Gott wäre, dann...“ II. Bildbetrachtung/Klassengespräch (Mat.10) Leitfragen: – Was geschah damals? – Welches Schicksal hatte Omayra? – Gibt es einen möglichen Sinn?
Phase 2 Ein Gespräch über Hiob	Klassengespräch/Referat Leitfragen: – In welchem Buch der Bibel wird die Frage nach der Gerechtigkeit Gottes gestellt? – Was ist Inhalt des Hiobbuches? – Wie wird die Frage nach der Gerechtigkeit Gottes beantwortet? – Kennen Sie andere Antworten? – Können Sie diesen Antworten zustimmen?

ommentare und Resultate

iese letzte Phase soll ganz kurz und knapp gehalten werden: Ein Schüler liest or, dann wird nach Inhalt und Aussage gefragt.
an Veen will nicht scherzen: Sind wir wirklich bereit, uns dem unbekannten, berraschenden Gott zu öffnen?

7. Stunde: Erfahrungen mit Gott

Materialien und Medien:
- Bibeln
- „Damit wir wissen, wovon wir reden" (Arbeitsblatt; Mat. 7)
- Herman van Veen „Geschichte von Gott I" (Mat. 8)
- Herman van Veen „Geschichte von Gott II" (Mat. 9)

Unterrichtsverlauf	Methoden / Sozialformen
Phase 1 Wo Gott sich wohl fühlt…	Textarbeit/Klassengespräch Text: H. v. Veen „Geschichte von Gott I" (Mat. 8) Leitfragen: – Wo fühlt Gott sich nach diesem Text wohl? – Und wo fühlt er sich nicht wohl? – Sind Sie auch der Meinung, Gott eher in Blüten, Wasser, Sonne zu erfahren als in der Kirche? – Kann diese Gotteserfahrung genug sein?
Phase 2 Menschen erfahren Gott (Aussagen der Bibel)	I. Arbeit am Blatt „Damit wir wissen, wovon wir reden" (Mat. 7) Stillarbeit Aufgabe: – Bezeichnen Sie mit + und – die Aussagen, die Ihnen besonders gut oder gar nicht gefallen! – Bezeichnen Sie mit einem ○ die Aussagen, die Ihnen neu waren. II. Bibelarbeit/Klassengespräch Texte: 5. Mose 10/17–20 Nahum 1/2–8 Klagelieder 3/37–39 Leitfrage: – Was wird hier über Gott gesagt? Welche Erfahrung mit Gott schlägt sich hier nieder? Ergebnisfixierung

ommentare und Resultate

um Abschluß dieser Phase kann der Lehrer jene jüdische Anekdote erzählen, ie im Vorwort nachzulesen ist.

ei Phase 3 sollte der Lehrer wie bei Phase 2 entsprechend der Arbeit mit der lasse aus den vorgegebenen Ergebnissen auswählen:

Die Gottesnamen des Alten Testaments:

1. Jahwe:	„Sein", „Der in das Dasein Rufende", „Ich bin", „Ich werde sein"; Deutung unsicher; wird von frommen Juden wegen seiner Heiligkeit nicht ausgesprochen; kommt 6823mal im Alten Testament vor.
2. Elohim:	Plural des Wortes El oder Eloah = Macht, Kraft, Gewalt; ist im Alten Testament mit einen Verb im Singular verbunden, d. h. der Plural wurde damals schon nicht mehr empfunden; derselbe Wortstamm wie arabisch Ilah, von dem Allah abgeleitet ist; kommt 2550mal im Alten Testament vor.
3. Adonai:	Plural von Adon = Herr wird von frommen Juden statt Jahwe gesprochen.
4. Schaddai:	Der Allmächtige, urspr. wohl „Der Bergbewohner", diesem Namen haftet immer etwas Erschreckendes an; kommt 301mal im Alten Testament vor.
5. Zebaoth:	Gott der Heerscharen, es ist ungewiß, ob damit die Heerscharen der Israeliten, das Engelsheer oder das Sternenheer gemeint ist.

iese Fakten können den Schülern vorgestellt werden. Für die Ergebnisfixieung sind sie u. U. zu umfangreich.

6. Stunde: Gottesnamen in der Bibel

Materialien und Medien:
- Kurt Marti „Meditation“ (Mat. 6)
- Bibeln

Unterrichtsverlauf	**Methoden / Sozialformen**
Phase 1 Gott in unseren Rastern	Textarbeit / Klassengespräch Text: Kurt Marti „Meditation“ (Mat. 6) Leitfragen: – Was will Kurt Marti mit diesem Gedicht sagen? – Was meint er mit „Kuchenbackform“? – Können Sie sich Gott als Geschehen, Möglichkeit, Akt, Schwingung vorstellen? – Was drückt sich darin aus, daß wir Gott mit Du, unsere Mitmenschen normalerweise mit Sie anreden? – Wie wird sich Kurt Marti seines Glaubens gewiß?
Phase 2 Die Gottesoffenbarung im brennenden Dornstrauch	Bibelarbeit / Klassengespräch Text: 2. Mose 3/1–14 Leitfragen: – Was fällt Ihnen auf? – Was möchten Sie wissen? – Was mag zu dem Symbol des brennenden Strauches geführt haben? – Warum muß Mose seine Schuhe ausziehen? – Was soll mit dem Gottesnamen „Ich bin“ gesagt werden? – Könnten Sie sagen, wer oder was der Gott Ihres Vaters, Ihrer Mutter, Ihres Großvaters, Ihrer Großmutter ist oder war?

ommentare und Resultate

Nach Psalm 88:
- Gott hat den Beter in die Grube gelegt,
- läßt den Grimm schwer auf ihm lasten,
- hat dem Beter die Freunde entfremdet,
- hat ihn zum Abscheu gemacht,
- verstößt ihn und verbirgt sein Antlitz,
- Zornesgluten läßt er über den Beter gehen,
- Schrecknisse sollen ihn vernichten.

)ie Formulierungen lehnen sich an die Züricher Übersetzung an)

iese Phase 3 ist vor allem für fromme Schüler sehr wichtig, die nur mit neren Hemmungen an Gottesbilder herangehen. Deshalb muß an dieser telle sensibel, mit genügend Zeit und Geduld unterrichtet werden.

Ergebnisse:

1. Ohne Gottesbilder wäre alles Denken, Reden und Schreiben, jede Kommunikation über Gott unmöglich.
2. Das biblische Bilderverbot richtet sich zunächst gegen Götzenbilder, verlangt aber von uns heute, uns der Vorläufigkeit und Unangemessenheit unseres Redens von Gott und aller Gottesbilder bewußt zu bleiben.
3. Auch die biblischen Autoren kommen ohne Gottesbilder nicht aus, wenn sie ihn z. B. König, Herr, Vater, Hirte nennen.
4. Sie versuchen, ihr Wissen um diese unüberbrückbare Distanz zu Gott zu signalisieren, wenn sie von Gott als Stimme, Namen, Herrlichkeit reden.

eispielhafte Lösungsansätze:

er Herr ist mein Vorgesetzter, er sorgt für mich...

er Herr ist meine Mutter, ich muß weder frieren noch hungern noch dürsten...

ott ist mein Freund, ich kann ihm alle meine Sorgen und Nöte sagen...

5. Stunde:
Gottesbilder III: In der Bibel

Materialien und Medien:
- DIN-A6-Zettel in Klassenstärke
- Bibeln

Unterrichtsverlauf	**Methoden / Sozialformen**
Phase 1 Unsere Gottesbilder – biblische Gottesbilder	I. Schreibmeditation Aufgabe: – Ergänzen Sie den Satz: „Gott ist für mich wie…“ II. Tafelarbeit / Klassengespräch Leitfragen: – Welche Gottesbilder weisen auf welche Tätig keit hin? – Welche Gottesbilder sind biblisch, welche nicht? – Welche Bilder können wir akzeptieren, welch lehnen wir ab? – Welche Argumente haben wir dafür?
Phase 2 Wir untersuchen zwei Psalmen	Textarbeit / Klassengespräch / Tafelarbeit Texte: Psalm 139/1–18 Psalm 88 Leitfrage: – Was tut Gott nach diesen beiden Psalmen? – Was können wir nachempfinden? – Was ist ärgerlich? – Was ist gut für uns?

Kommentare und Resultate

Mit Phase 2 geschieht der Übergang von der Betrachtung individueller Gottesbilder hin zu Gottesbildern in der Menschheitsgeschichte.
Jedem Schüler liegt ein Fragebogen (Mat. E) vor.

1. Die Menschen haben in ihrer Geschichte Blitz, Sonne, Herrscher, Könige, Väter, den Krieg u. a. göttlich verehrt.
2. Dahinter standen als Motive Furcht, Angst, Ehrfurcht, Dankbarkeit, Machtausübung, Autorität, Erziehungsziele u. a. m.
3. Alle diese Gottesbilder – und seien sie noch so verkrüppelt – weisen auf den einen Gott hin (Symbol des Dreiecks im Film).
4. Jede Generation, jeder Mensch steht vor der Aufgabe, ein sachgemäßes Gottesbild zu gestalten (der leere Bilderrahmen im Film).
5. Die Bibel gebraucht ganz unterschiedliche Gottesbilder (z. B. Hirte, König), die aber nicht mit Gott selbst verwechselt werden dürfen.
6. Es ist ungerecht, Gottesbilder bewußt zur Erreichung eigener Ziele zu gestalten und einzusetzen.

Lösung der Hausaufgabe (gilt der nächsten Stunde):

Der Pietismus des 18. Jahrhunderts	sah Gott	als Vater und verehrte damit auch den Landesvater.
Die Zeit der Freiheitskriege	sah Gott	als den, „der Eisen wachsen ließ“.
Die Restauration und das Proletariat...	–	...wehrten diesen Kriegsgott ab.
Das Bürgertum	sah Gott	in der Natur, in der Kunst, in der großen Persönlichkeit.
In der Bundesrepublik	wird Gott gesehen	als Hüter der Verfassung, der Wertordnung, als Schützer von Freiheit und Kapitalismus.
In der Gegenwart	wird Gott gesehen	als Gott aller Völker und Nationen, als ein Gott der Befreiung.

Die Theologen hätten besser daran getan, sich an die Bibel zu halten.
Allerdings ist dort das Gottesbild auch nicht eindeutig.

4. Stunde: Gottesbilder II: Ihre Abhängigkeit

Materialien und Medien:
- Ernst Schnydrig „Der geduldige Hiob und seine zwei Ferkel“ (Mat. D)
- Jaro Ucen „Und schufen ihn nach ihrem Bild und Gleichnis“ (Kurzfilm; 15 Min.
- Fragebogen zum Film in Klassenstärke (Mat. E)
- Yorick Spiegel „Mißbrauch des Namens Gottes“ (Mat. 5)

Unterrichtsverlauf	**Methoden / Sozialformen**
Phase 1 Ein Mensch muß Gottesbilder aufgeben	I. Vorlesen / Klassengespräch Text: E. Schnydrig „Der geduldige Hiob…“ (Mat. D) Leitfragen (nach Teil I): – Was hat sich für den Vater durch den Umzug ins Tal verändert? – Was hat er sich bewahrt? – Wie hat sich seine Frömmigkeit verändert? Zielfrage: – Von welchen Umständen ist das Gottesbild eines Menschen abhängig? – Hat der Vater seinen Glauben an Gott verloren? II. Vorlesen von Teil II Text: (wie oben) Leitfrage: – Hatte der Vater seinen Glauben verloren? – Wie beschreibt der Sohn die Beziehung des Vaters zu Gott?

Kommentare und Resultate

Die benutzten Fragebogen werden wieder ausgeteilt. Da sie anonym ausgefüllt worden waren, kann jetzt jeder Schüler in den Fragebogen, den er erhält, die Ergebnisse eintragen.

3. Stunde:
Gottesbilder I: Eine Übung

Materialien und Medien:
- Bibeln
- Papier (Schnittmusterbogen) für die Gruppenarbeit
- Erzählung „Die Blindgeborenen und der Elefant“ (Mat. C)
- Die Fragebogen der letzten Stunde

Unterrichtsverlauf	Methoden / Sozialformen
Phase 1 Wir malen ein Bild zum Thema „Gott“	I. Einführung durch den Lehrer II. Gruppenarbeit Aufgabe: – Skizzieren Sie einen Entwurf zu dem Thema „Gott“ für den Chorraum einer Kirche!
Phase 2 Die Auswertung der Bilder und eine Aufforderung zur Toleranz	I. Klassengespräch über die entstandenen Arbeiten Leitfragen: – Was erkennen Sie auf den Bildern? – Welche Aussagen glauben Sie zu erkennen? – (An die „Künstler“:) Was wollten Sie mit Ihrem Bild ausdrücken? II. Der Lehrer liest vor Text: „Die Blindgeborenen und der Elefant“ (Mat. C)

ɔmmentare und Resultate

e Ergebnisse können durch präzise Fragen direkt erhoben werden. Sie ɔllten an der Tafel und im Heft notiert werden.

Ergebnisse:

1. Leben besteht in der Suche nach Gott.
2. Diese Suche hört letztlich in diesem Leben nicht auf.
3. Mögliche Antworten gelten immer nur für kurze Zeit.
4. Wer glaubt, Gott gefunden zu haben, ist in Gefahr, nicht mehr zu wachsen, hart, intolerant und nicht mehr hörbereit zu werden.
5. Diese Überzeugung wird in Amos 5/4 mit der Autorität Gottes vorgetragen: „So spricht der Herr...“
6. Paulus bestätigt in Apg. 17/27 diese Aussage.
7. Dabei erscheint die Aufgabe nicht schwer: Gott ist spürbar (tastbar) und „findbar“.

ieser Text kann auch als Hausaufgabe zur Lektüre gestellt werden.
ie Leitfrage ist bewußt auf die Emotionen abgestellt. Die Schüler sollen wissen, aß es solche punktuellen Offenbarungserlebnisse gibt, sie sollen aber davor ewarnt werden, solche Erlebnisse zu erwarten oder zwanghaft herbeiführen u wollen.

2. Stunde:
Die eigenen Gottesvorstellungen wahrnehmen

Materialien und Medien:
- Bibeln
- Zwei Kinderbriefe an den lieben Gott (Mat. 3)
- Fragebogen in Klassenstärke (Mat. B)
- Tatjana Goritschewa „Eine zweite, meine eigentliche Geburt“ (Mat. 4)

Unterrichtsverlauf	Methoden / Sozialformen
Phase 1 Frühe Gottesvorstellungen	I. Vorlesen / Klassengespräch Text: Zwei Kinderbriefe an den lieben Gott (Mat. 3) Leitfrage: – Was ist eigentlich kindlich an diesen Briefen? II. Klassengespräch Leitfrage: – An welche frühen Gottesvorstellungen erinnern Sie sich?
Phase 2 Eine Umfrage	Arbeitsblätter / Befragung Jeder Schüler bearbeitet für sich seinen Fragebogen (Mat. B)

Ungefähre Ergebnisse:

1. Orte der Offenbarung waren für Menschen die Bibel, die Musik, die Natur, die Kunst, die Geschichte, die Einsamkeit, die Liebe, der Gottesdienst u.a.m.
2. In der Schöpfung (Natur) erkannten sie Spuren Gottes zum Beispiel
   - in den ewigen Ordnungen
   - im unnachahmlichen Aufbau der Organismen
   - in der Macht des Meeres oder eines Vulkanausbruchs
   - in der Schönheit eines Abendrots oder eines blühenden Baumes.
3. In 2. Mose 20/2 wird Gott erfahren in der Befreiung aus der Unterdrückung.
4. Ernesto Cardenal erlebt Spuren Gottes in der Weite des Alls, vielleicht des nächtlichen Himmels, und antwortet darauf mit überschäumender Freude.

ier wie in der Schußphase ist eine Ergebnisfixierung sinnvoll.

Die Warnung aus Prediger 5/1 sollte nicht übergangen werden. Sie mahnt zur Zurückhaltung und Bescheidenheit.
Am Schluß der Stunde und des Referats muß deutlich sein:

Leitgedanken:

1. Menschen können Gott nicht entdecken oder gar erfinden. Sie sind auf seine Selbstoffenbarung angewiesen.
2. Offenbarung ist ein über- oder außerweltliches Geschehen.
3. Offenbarung ist nicht beweisbar.
4. Offenbarung ist subjektiv: Ich werde gerufen, beansprucht, gewertet, geliebt.
5. Offenbarung ist objektiv: Sie macht sich fest an den Dingen dieser Welt, einem Erlebnis, einem Gespräch, einem Text etc.
6. In der Bibel wird Offenbarung so beschrieben: „Das Wort Gottes geschieht..."
7. Offenbarung geschieht immer in der Gegenwart. Gott begegnet mir heute.
8. Gott kann mir auch in seiner Verborgenheit begegnen.
9. Offenbarung fordert eine Antwort des Menschen.

1. Stunde: Offenbarung – was ist das?

Materialien und Medien:
- Bibeln
- Peter Foeller „Wolkenwand“ (Bild; Mat. 1)
- Oder: Andreas Felger „Das Gleichnis vom Schatz im Acker“ (Bild; Mat. A)
- Ernesto Cardenal „Psalm 150“ (Umdichtung; Mat. 2)

Unterrichtsverlauf	Methoden / Sozialformen
Phase 1 Ein Gespräch über Erfindung, Entdeckung und Offenbarung	Unterrichtsgespräch Leitfragen: – Was ist eine Erfindung? – Was ist eine Entdeckung im Unterschied zu einer Erfindung? – Was ist eine Offenbarung? – Wer offenbart? – Wie offenbart sich Gott?
Phase 2 Eine meditative Übung	Bildbetrachtung / Meditation / Klassengespräch Bild: P. Foeller „Wolkenwand“ (Mat. 1) Leitfragen: – Was sehen Sie? – Geht da etwas auf oder zu? – Wohin führt die Treppe? – Ist die Treppe eine Einladung oder eher eine Gefahr? – Wie deuten Sie den Regenbogen? – Wer oder was bewegt die „Tür“? – Geben Sie der „Tür“ Namen, wenn sie sich gerade schließt oder öffnet.